Bucătăria Fără Sare

Redescoperă Gusturile Naturale

Elena Stanescu

Cuprins

Amestecul de pui și linte 12

pui si conopida 13

Supă de busuioc și morcovi de roșii 14

Carne de porc cu cartofi dulci 15

Supă de păstrăv și morcovi 16

Caserolă cu curcan și fenicul 17

supa de vinete 18

Crema de cartofi dulci 19

Supă de pui și ciuperci 20

Coaceți somonul cu lămâie 21

Salată de cartofi 22

Tocană de vită și roșii 24

Salată de creveți și avocado 25

crema de broccoli 26

Supă de varză 27

Supă de țelină și conopidă 28

Supă de porc și praz 29

Salată de creveți cu mentă și broccoli 30

Supă de creveți și cod 32

Amestecul de creveți și ceapă verde 33

tocană de spanac 34

Mix de conopidă curry 35

Tocană de morcovi și dovleac 36

Caserolă cu varză și fasole verde 37

Supă fierbinte de ciuperci 38

piper carne de porc 39

Salata de somon si ciuperci cu piper 40

Mix de năut și cartofi 41

Mix de pui cu cardamom 42

ardei de linte 43

scarola cu rozmarin 44

cicoare de lamaie 45

sparanghel pesto 46

Morcov cu piper 47

Caserolă cremoasă de cartofi 48

varză de susan 49

broccoli cu coriandru 50

Piper Varza de Bruxelles 51

Amestecul de varza de Bruxelles si ceapa verde 52

conopida mărunțită 53

Salata de avocado 54

Salata de ridichi 55

Salata de escarola de lamaie 56

Se amestecă măsline și porumb 57

Salata de rucola si nuci de pin 58

Migdale și spanac 59

Salată de fasole verde și porumb 60

Salată de andive și varză 61

salata edamame 62

Salată de struguri și avocado 63

Amestecul de vinete cu cimbru 64

Amestecul de roșii la cuptor 65
ciuperci de cimbru 66
Spanac si porumb sotate 67
Porumb sotat si ceapa verde 68
Salată de spanac și mango 69
cartofi muştar 70
Varza de Bruxelles de cocos 71
morcov cu salvie 72
Ciuperci cu usturoi si porumb 73
Fasole verde cu pesto 74
roșie tarhon 75
migdale de sfeclă roșie 76
roșii de mentă și porumb 77
Dovlecel și sos de avocado 78
Amestecul de mere și varză 79
sfeclă prăjită 80
varză cu mărar 81
Salata de varza si morcovi 82
Sos de rosii si masline 83
Salata de dovlecel 84
Curry de râmă și morcovi 85
Salată verde și sfeclă roșie 86
planta de ridiche 87
Amestecul de fenicul copt 88
ardei copt 89
Curmale sotate și varză 90
Mix de fasole neagră 91

Amestecul de măsline și cicoare 92
Salată de roșii și castraveți 93
Salata de morcovi si ardei 94
Amestecul de fasole neagră și orez 95
Amestecul de orez și conopidă 96
Mix de fasole balsamic 97
Sfeclă cremă 98
Amestec de ardei avocado 99
Cartofi dulci și sfeclă prăjită 100
varză sotă 101
Morcov condimentat 102
anghinare cu lamaie 103
Broccoli, fasole și orez 104
Amestecul de dovleac copt 105
sparanghel cremat 106
Amestecul de nap și busuioc 107
Amestecul de orez și capere 108
Amestecul de spanac și varză 109
Făină de ovăz cu unt de arahide 110
scones cu nuci și fructe 111
Prajituri cu banane 112
sos de mere 113
Briose cu afine 114
crep de cocos 115
clătite cu afine 116
desert de dovleac 118
vafe de cartofi dulci 119

Pâine prăjită franceză 120
pudră de cacao 121
fulgi de ovaz cu mango 122
Fulgi de ovaz cu cirese si pere 123
Boluri cu nuca si portocala 124
Piersici și smântână la cuptor 125
Boluri cu iaurt și mere 126
Fulgi de ovaz cu mango si rodie 127
Chifle de rodie cu semințe de chia 128
Ouă și haș de morcovi 129
omletă cu ardei 130
frittata de patrunjel 131
Ouă și anghinare la cuptor 132
Caserolă cu fasole și ouă 133
Scramble cu brânză cu turmeric 134
Hash Browns și Legume 135
Risotto cu bacon și arpagic 137
Scorțișoară Fistic Quinoa 138
amestec de iaurt cu cireșe 139
Amestecul de prune și nucă de cocos 140
iaurt cu mere 141
Boluri cu fulgi de ovaz cu capsuni 142
Amestecul de arțar și piersici 143
Orez cu scorțișoară și curmale 144
Iaurt de smochine, pere și rodii 145
Terci de nucsoara si capsuni 146
Crem de orez și căpșuni 147

Orez cu vanilie și nucă de cocos 148

Orez cu nucă de cocos și cireșe 149

Amestecul de orez cu ghimbir 150

Caserolă de cârnați cu ardei 151

Biluțe de orez cu ciuperci 152

Ouă cu roșii și spanac 153

omletă cu susan 154

Terci de dovleac 155

Chiflă cu nucă de cocos și migdale 156

salată caldă de năut 157

Budinca de cacao si mei 158

budincă de chia 159

budincă de tapioca 160

amestec de brânză cheddar 161

Salată de mazăre 162

Amestec de quinoa si naut 163

Salata de masline si ardei 164

Fasole verde și amestec de ouă 165

Salată de morcovi și ouă 166

Fructe cremoase 167

Chifle cu mere și stafide 168

Terci de hrișcă cu ghimbir 169

Salata de conopida si ardei 170

Crochete de pui și cartofi 171

Rețete de prânz Dash Diet 172

Burritos cu fasole neagră 173

Mix de pui mango 175

plăcintă cu năut 176

Boluri cu salsa și conopidă 177

Salata de somon si spanac 178

Amestecul de pui și varză 179

Salată cu somon și rucola 180

Salată de creveți și legume 181

Învelișuri cu curcan și piper 182

Supă de fasole verde 184

Salata de avocado, spanac si masline 185

Caserolă cu friptură și dovleac 186

Cartofii și carnea se amestecă cu cimbru 187

Supă de porc și morcovi 188

Salata de creveti si capsuni..189

Salată cu creveți și fasole verde 190

Taco cu peste 191

Tort cu dovleac 192

Tocană de năut și roșii 194

Salată de pui, roșii și spanac 195

Boluri cu sparanghel și ardei 196

tocană fierbinte de vită 198

Cotlete de porc cu ciuperci 199

Salată de creveți coriandru 200

tocană de vinete 201

Amestecați carnea și mazărea 202

Caserolă cu curcan 203

salata de vita 204

tocană de dovleac...206

Amestecul de varză și carne de vită 207

Tocană de porc și fasole verde 208

Supă cremă de dovleac 209

Creveți și salată de struguri 210

Crema de morcovi si turmeric 211

Friptură și supă de fasole neagră 212

Biluțe de somon și creveți 213

Sos de pui și usturoi 214

Tocană de pui cu turmeric și vinete 215

Amestecul de pui și andive 216

supa de curcan 217

Curcan balsamic la cuptor 218

Amestecul de pui și linte

Timp de preparare: 10 minute
Timp de gătire: 25 minute
Porții: 4

Conținut:
- 1 cana rosii conservate, fara sare adaugata, tocate
- gust de piper negru
- 1 lingura pasta de chipotle
- 1 kg piept de pui, fără piele, dezosat și tăiat cubulețe
- 2 cani de linte conservata, fara sare adaugata, scursa si clatita
- ½ lingură ulei de măsline
- 1 ceapa galbena, tocata
- 2 linguri coriandru, tocat

Instructiuni de folosire:
1. Se incinge o tigaie cu ulei la foc mediu, se adauga ceapa si pasta de chipotle, se amesteca si se calesc 5 minute.
2. Adăugați puiul, amestecați și gătiți timp de 5 minute.
3. Adăugați ingredientele rămase, amestecați, gătiți totul timp de 15 minute, împărțiți între boluri și serviți.

Nutriție: Calorii 369, grăsimi 17,6, fibre 9, carbohidrați 44,8, proteine 23,5

pui si conopida

Timp de preparare: 5 minute
Timp de gătire: 25 minute
Porții: 4

Continut:
- 1 kg piept de pui, fără piele, dezosat și tăiat cubulețe
- 2 cesti buchetele de conopida
- 1 lingura ulei de masline
- 1 ceapa rosie, tocata
- 1 lingura otet balsamic
- ½ cană ardei gras roșu tocat
- Un praf de piper negru
- 2 catei de usturoi, tocati marunt
- ½ cană supă de pui cu conținut scăzut de sodiu
- 1 cana rosii conservate, fara sare adaugata, tocate

Instructiuni de folosire:
1. Se incinge o tigaie cu ulei la foc mediu-mare, se adauga ceapa, usturoiul si carnea si se fierbe 5 minute.
2. Adăugați ingredientele rămase, amestecați și gătiți timp de 20 de minute la foc mediu.
3. Împărțiți totul în boluri și serviți la prânz.

Nutriție: Calorii 366, grăsimi 12, fibre 5,6, carbohidrați 44,3, proteine 23,7

Supă de busuioc și morcovi de roșii

Timp de preparare: 10 minute
Timp de preparare: 20 de minute
Porții: 4

Continut:
- 3 catei de usturoi, tocati marunt
- 1 ceapa galbena, tocata
- 3 morcovi, tocați
- 1 lingura ulei de masline
- 20 grame rosii prajite, fara sare adaugata
- 2 căni de bulion de legume cu conținut scăzut de sodiu
- 1 lingura busuioc, uscat
- 1 cana crema de cocos
- Un praf de piper negru

Instructiuni de folosire:
1. Se incinge o tigaie cu ulei la foc mediu, se adauga ceapa si usturoiul si se calesc 5 minute.
2. Adăugați ingredientele rămase, amestecați, aduceți la fierbere, gătiți timp de 15 minute, amestecați supa cu un blender de imersie, împărțiți în boluri și serviți la prânz.

Nutriție: calorii 244, grăsimi 17,8, fibre 4,7, carbohidrați 18,6, proteine 3,8

Carne de porc cu cartofi dulci

Timp de preparare: 10 minute
Timp de preparare: 30 minute
Porții: 4

Continut:
- 4 cotlete de porc, dezosate
- 1 kilogram de cartof dulce, decojit și tăiat felii
- 1 lingura ulei de masline
- 1 cană bulion de legume, sodiu scăzut
- Un praf de piper negru
- 1 lingurita de cimbru, uscat
- 1 lingurita rozmarin, uscat
- 1 lingurita busuioc, uscat

Instructiuni de folosire:
1. Se incinge o tigaie cu ulei la foc mediu-mare, se adauga cotletele de porc si se fierbe 4 minute pe fiecare parte.
2. Adăugați cartofi dulci și alte ingrediente, acoperiți și gătiți la foc mediu încă 20 de minute, amestecând din când în când.
3. Aranjați totul pe farfurii și serviți.

Nutriție: calorii 424, grăsimi 23,7, fibre 5,1, carbohidrați 32,3, proteine 19,9

Supă de păstrăv și morcovi

Timp de preparare: 10 minute
Timp de gătire: 25 minute
Porții: 4

Continut:
- 1 ceapa galbena, tocata
- 12 căni de bulion de pește cu conținut scăzut de sodiu
- 1 kg morcovi, feliați
- 1 kg file de păstrăv, dezosați, fără piele și tăiați cubulețe
- 1 lingura boia dulce
- 1 cană de roșii, tăiate cubulețe
- 1 lingura ulei de masline
- gust de piper negru

Instructiuni de folosire:
1. Se incinge uleiul intr-o cratita la foc mediu-mare, se adauga ceapa, se amesteca si se caleste 5 minute.
2. Adăugați peștele, morcovii și alte ingrediente, aduceți la fiert și gătiți timp de 20 de minute la foc mediu.
3. Puneți supa în boluri și serviți.

Nutriție: Calorii 361, grăsimi 13,4, fibre 4,6, carbohidrați 164, proteine 44,1

Caserolă cu curcan și fenicul

Timp de preparare: 10 minute
Timp de gătire: 45 de minute
Porții: 4

Continut:
- 1 piept de curcan, fara piele, dezosat si taiat cubulete
- 2 bulbi de fenicul, feliati
- 1 lingura ulei de masline
- 2 foi de dafin
- 1 ceapa galbena, tocata
- 1 cana rosii conservate, nesarate
- 2 bulion de carne cu conținut scăzut de sodiu
- 3 catei de usturoi, tocati marunt
- gust de piper negru

Instructiuni de folosire:
1. Se incinge uleiul intr-o tigaie la foc mediu, se adauga ceapa si carnea si se calesc 5 minute.
2. Adăugați feniculul și alte ingrediente, aduceți la fiert și gătiți timp de 40 de minute la foc mediu, amestecând din când în când.
3. Împărțiți puiul în boluri și serviți.

Nutriție: calorii 371, grăsimi 12,8, fibre 5,3, carbohidrați 16,7, proteine 11,9

supa de vinete

Timp de preparare: 10 minute
Timp de preparare: 30 minute
Porții: 4

Continut:
- 2 vinete mari, tăiate cubulețe
- 1 litru de bulion de legume cu sodiu scăzut
- 2 linguri piure de rosii nesarat
- 1 ceapa rosie, tocata
- 1 lingura ulei de masline
- 1 lingura coriandru tocat
- Un praf de piper negru

Instructiuni de folosire:
1. Se incinge o tigaie cu ulei la foc mediu, se adauga ceapa, se amesteca si se caleste 5 minute.
2. Adăugați vinetele și alte ingrediente, aduceți la fierbere la foc mediu, fierbeți timp de 25 de minute, împărțiți între boluri și serviți.

Nutriție: Calorii 335, grăsimi 14,4, fibre 5, carbohidrați 16,1, proteine 8,4

Crema de cartofi dulci

Timp de preparare: 10 minute
Timp de gătire: 25 minute
Porții: 4

Continut:
- 4 căni de bulion de legume
- 2 linguri de ulei de avocado
- 2 cartofi dulci, curatati si taiati cubulete
- 2 cepe galbene, tocate
- 2 catei de usturoi, tocati marunt
- 1 cană lapte de cocos
- Un praf de piper negru
- ½ linguriță busuioc tocat

Instructiuni de folosire:
1. Se incinge o tigaie cu ulei la foc mediu, se adauga ceapa si usturoiul, se amesteca si se calesc 5 minute.
2. Adăugați cartofii dulci și ingredientele rămase, aduceți la fiert și gătiți la foc mediu timp de 20 de minute.
3. Se amestecă supa cu un blender de imersie, se toarnă în boluri și se servește la prânz.

Nutriție: calorii 303, grăsimi 14,4, fibre 4, carbohidrați 9,8, proteine 4,5

Supă de pui și ciuperci

Timp de preparare: 10 minute
Timp de preparare: 30 minute
Porții: 4

Continut:
- 1 litru suc de legume, sodiu scăzut
- 1 lingura de ghimbir, ras
- 1 ceapa galbena, tocata
- 1 lingura ulei de masline
- 1 kg piept de pui, fără piele, dezosat și tăiat cubulețe
- ½ kg de ciuperci albe, feliate
- 4 ardei thailandezi, tocați
- ¼ cană suc de lămâie
- ¼ cană coriandru tocat
- Un praf de piper negru

Instructiuni de folosire:
1. Se incinge o tigaie cu ulei la foc mediu, se adauga ceapa, ghimbirul, ardeiul si carnea, se amesteca si se fierbe 5 minute.
2. Adăugați ciupercile, amestecați și gătiți încă 5 minute.
3. Adăugați ingredientele rămase, aduceți la fiert și gătiți încă 20 de minute la foc mediu.
4. Puneți supa în boluri și serviți imediat.

Nutriție: calorii 226, grăsimi 8,4, fibre 3,3, carbohidrați 13,6, proteine 28,2

Coaceți somonul cu lămâie

Timp de preparare: 10 minute
Timp de preparare: 20 de minute
Porții: 4

Continut:
- 4 fileuri de somon, dezosate
- 3 catei de usturoi, tocati marunt
- 1 ceapa galbena, tocata
- gust de piper negru
- 2 linguri ulei de masline
- Suc de 1 lime
- 1 lingura coaja de lamaie, rasa
- 1 lingura de cimbru, tocat

Instructiuni de folosire:
1. Se incinge o tigaie cu ulei la foc mediu-mare, se adauga ceapa si usturoiul, se amesteca si se calesc 5 minute.
2. Adăugați peștele și gătiți timp de 3 minute pe fiecare parte.
3. Adăugați ingredientele rămase, gătiți încă 10 minute, împărțiți în farfurii și serviți la prânz.

Nutriție: Calorii 315, grăsimi 18,1, fibre 1,1, carbohidrați 4,9, proteine 35,1

Salată de cartofi

Timp de preparare: 10 minute
Timp de preparare: 20 de minute
Porții: 4

Continut:
- 2 rosii, tocate
- 2 avocado, fără sâmburi și tocate
- 2 cesti baby spanac
- 2 arpagic, tocat
- 1 kilogram de cartofi bruni, fierți, curățați și tăiați felii
- 1 lingura ulei de masline
- 1 lingura suc de lamaie
- 1 ceapa galbena, tocata
- 2 catei de usturoi, tocati marunt
- gust de piper negru
- 1 buchet coriandru, tocat

Instructiuni de folosire:
1. Se incinge o tigaie cu ulei la foc mediu-mare, se adauga ceapa, arpagicul si usturoiul, se amesteca si se calesc 5 minute.
2. Adaugati cartofii, intoarceti putin si gatiti inca 5 minute.
3. Adăugați ingredientele rămase, amestecați, gătiți încă 10 minute la foc mediu, împărțiți între boluri și serviți la prânz.

Nutriție: Calorii 342, grăsimi 23,4, fibre 11,7, carbohidrați 33,5, proteine 5

Tocană de vită și roșii

Timp de preparare: 10 minute
Timp de preparare: 20 de minute
Porții: 4

Continut:
- 1 kilogram carne de vită, măcinată
- 1 ceapa rosie, tocata
- 1 lingura ulei de masline
- 1 cană de roșii cherry, tăiate la jumătate
- ½ ardei roșu, tocat
- gust de piper negru
- 1 lingura arpagic, tocat
- 1 lingura rozmarin, tocat
- 3 linguri supă de vită cu conținut scăzut de sodiu

Instructiuni de folosire:
1. Se incinge uleiul intr-o tigaie la foc mediu, se adauga ceapa si boia, se amesteca si se calesc 5 minute.
2. Adăugați carnea, amestecați și gătiți încă 5 minute.
3. Adăugați ingredientele rămase, amestecați, gătiți timp de 10 minute, împărțiți în boluri și serviți la prânz.

Nutriție: Calorii 320, grăsimi 11,3, fibre 4,4, carbohidrați 18,4, proteine 9

Salată de creveți și avocado

Timp de preparare: 5 minute
Timp de preparare: 0 minute
Porții: 4

Continut:
- 1 portocala, curatata si taiata felii
- 1 kilogram de creveți, fierți, curățați și devenați
- 2 căni de rucola fragedă
- 1 avocado, scobit, decojit și tăiat cubulețe
- 2 linguri ulei de masline
- 2 linguri de otet balsamic
- ½ suc de portocale
- Sare si piper

Instructiuni de folosire:
1. Într-un bol de salată, amestecați creveții cu portocala și alte ingrediente, amestecați și serviți la prânz.

Nutriție: calorii 300, grăsimi 5,2, fibre 2, carbohidrați 11,4, proteine 6,7

crema de broccoli

Timp de preparare: 10 minute
Timp de gătire: 40 de minute
Porții: 4

Continut:
- 2 kg buchetele de broccoli
- 1 ceapa galbena, tocata
- 1 lingura ulei de masline
- gust de piper negru
- 2 catei de usturoi, tocati marunt
- 3 căni de bulion de vită cu conținut scăzut de sodiu
- 1 cană lapte de cocos
- 2 linguri coriandru, tocat

Instructiuni de folosire:
1. Se incinge o tigaie cu ulei la foc mediu, se adauga ceapa si usturoiul, se amesteca si se calesc 5 minute.
2. Adăugați celelalte ingrediente, cu excepția broccoli și laptele de cocos, aduceți la fierbere și gătiți încă 35 de minute la foc mediu.
3. Se amestecă supa cu un blender, se adaugă laptele de cocos, se bate din nou, se împarte între boluri și se servește.

Nutriție: Calorii 330, grăsimi 11,2, fibre 9,1, carbohidrați 16,4, proteine 9,7

Supă de varză

Timp de preparare: 10 minute
Timp de gătire: 40 de minute
Porții: 4

Continut:
- 1 cap mare de kale, tocat grosier
- 1 ceapa galbena, tocata
- 1 lingura ulei de masline
- gust de piper negru
- 1 praz tocat
- 2 căni de roșii conservate cu conținut scăzut de sodiu
- 4 căni supă de pui, cu conținut scăzut de sodiu
- 1 lingura coriandru tocat

Instructiuni de folosire:
1. Se incinge o tigaie cu ulei la foc mediu, se adauga ceapa si prazul, se amesteca si se fierbe 5 minute.
2. Adăugați varza și celelalte ingrediente cu excepția coriandrului, aduceți la fierbere și gătiți timp de 35 de minute la foc mediu.
3. Împărțiți supa în boluri, stropiți cu coriandru și serviți.

Nutriție: Calorii 340, grăsimi 11,7, fibre 6, carbohidrați 25,8, proteine 11,8

Supă de țelină și conopidă

Timp de preparare: 10 minute
Timp de gătire: 40 de minute
Porții: 4

Continut:
- 2 kilograme de buchețe de conopidă
- 1 ceapa rosie, tocata
- 1 lingura ulei de masline
- 1 cană piure de roșii
- gust de piper negru
- 1 cana telina, tocata
- 6 căni de bulion de pui cu conținut scăzut de sodiu
- 1 lingură mărar, tocat

Instructiuni de folosire:
4. Se incinge o tigaie cu ulei la foc mediu-mare, se adauga ceapa si telina, se amesteca si se calesc 5 minute.
5. Adăugați conopida și celelalte ingrediente, aduceți la fierbere și gătiți încă 35 de minute la foc mediu.
6. Împărțiți supa în boluri și serviți.

Nutriție: Calorii 135, grăsimi 4, fibre 8, carbohidrați 21,4, proteine 7,7

Supă de porc și praz

Timp de preparare: 10 minute
Timp de gătire: 40 de minute
Porții: 4

Continut:
- 1 kg friptură de porc, tăiată cubulețe
- gust de piper negru
- 5 praz tocat
- 1 ceapa galbena, tocata
- 2 linguri ulei de masline
- 1 lingura patrunjel tocat
- 6 căni bulion de vită cu conținut scăzut de sodiu

Instructiuni de folosire:
4. Se incinge o tigaie cu ulei la foc mediu-mare, se adauga ceapa si prazul, se amesteca si se calesc 5 minute.
5. Adăugați carnea, amestecați și gătiți încă 5 minute.
6. Adăugați ingredientele rămase, aduceți la fiert și gătiți timp de 30 de minute la foc mediu.
7. Puneți supa în boluri și serviți.

Nutriție: Calorii 395, grăsimi 18,3, fibre 2,6, carbohidrați 18,4, proteine 38,2

Salată de creveți cu mentă și broccoli

Timp de preparare: 5 minute
Timp de preparare: 20 de minute
Porții: 4

Continut:
- 1/3 cană bulion de legume cu conținut scăzut de sodiu
- 2 linguri ulei de masline
- 2 cesti buchetele de broccoli
- 1 kilogram de creveți, decojiți și devenați
- gust de piper negru
- 1 ceapa galbena, tocata
- 4 roșii cherry, tăiate la jumătate
- 2 catei de usturoi, tocati marunt
- suc de ½ lămâie
- ½ cană măsline Kalamata, fără sâmburi și tăiate la jumătate
- 1 lingura de menta, tocata

Instructiuni de folosire:
1. Se incinge o tigaie cu ulei la foc mediu-mare, se adauga ceapa si usturoiul, se amesteca si se calesc 3 minute.
2. Adăugați creveții, amestecați și gătiți încă 2 minute.
3. Adăugați broccoli și alte ingrediente, amestecați împreună, gătiți timp de 10 minute, împărțiți în boluri și serviți la prânz.

Nutriție: Calorii 270, grăsimi 11,3, fibre 4,1, carbohidrați 14,3, proteine 28,9

Supă de creveți și cod

Timp de preparare: 10 minute
Timp de preparare: 20 de minute
Porții: 4

Conținut:
- 1 litru de supă de pui cu conținut scăzut de sodiu
- ½ kilogram de creveți, curățați și dezveliți
- ½ kg file de cod, dezosat, fără piele și tăiat cubulețe
- 2 linguri ulei de masline
- 2 linguri boia de ardei
- 1 lingurita boia dulce
- 2 salote, tocate
- Un praf de piper negru
- 1 lingură mărar, tocat

Instrucțiuni de folosire:
1. Se încălzește o tigaie cu ulei la foc mediu, se adaugă eșalota, se amestecă și se călește timp de 5 minute.
2. Adăugați creveții și codul și gătiți încă 5 minute.
3. Adăugați ingredientele rămase, aduceți la fiert și gătiți timp de 10 minute la foc mediu.
4. Împărțiți supa în boluri și serviți.

Nutriție: Calorii 189, grăsimi 8,8, fibre 0,8, carbohidrați 3,2, proteine 24,6

Amestecul de creveți și ceapă verde

Timp de preparare: 10 minute
Timp de preparare: 10 minute
Porții: 4

Continut:
- 2 kilograme de creveți, decojiți și devenați
- 1 cană de roșii cherry, tăiate la jumătate
- 1 lingura ulei de masline
- 4 cepe verde, tocate
- 1 lingura otet balsamic
- 1 lingura arpagic, tocat

Instructiuni de folosire:
1. Se incinge o tigaie la foc mediu, se adauga ceapa si rosiile cherry, se amesteca si se calesc 4 minute.
2. Adăugați creveții și celelalte ingrediente, gătiți încă 6 minute, împărțiți în farfurii și serviți.

Nutriție: calorii 313, grăsimi 7,5, fibre 1, carbohidrați 6,4, proteine 52,4

tocană de spanac

Timp de preparare: 10 minute
Timp de preparare: 15 minute
Porții: 4

Continut:
- 1 lingura ulei de masline
- 1 lingurita de ghimbir, ras
- 2 catei de usturoi, tocati marunt
- 1 ceapa galbena, tocata
- 2 rosii, tocate
- 1 cana rosii conservate, nesarate
- 1 lingurita chimen, macinat
- Un praf de piper negru
- 1 cană bulion de legume cu conținut scăzut de sodiu
- 2 kg frunze de spanac

Instructiuni de folosire:
1. Se incinge o tigaie cu ulei la foc mediu, se adauga ghimbirul, usturoiul si ceapa, se amesteca si se calesc 5 minute.
2. Adăugați roșiile, roșiile conservate și alte ingrediente, amestecați ușor, aduceți la fiert și gătiți încă 10 minute.
3. Împărțiți puiul în boluri și serviți.

Nutriție: Calorii 123, grăsimi 4,8, fibre 7,3, carbohidrați 17, proteine 8,2

Mix de conopidă curry

Timp de preparare: 10 minute
Timp de gătire: 25 minute
Porții: 4

Continut:
- 1 ceapa rosie, tocata
- 1 lingura ulei de masline
- 2 catei de usturoi, tocati marunt
- 1 ardei rosu, tocat
- 1 ardei gras verde, tocat
- 1 lingura suc de lamaie
- 1 kg de buchețe de conopidă
- 14 grame rosii conservate, tocate
- 2 lingurițe pudră de curry
- Un praf de piper negru
- 2 cesti crema de cocos
- 1 lingura coriandru tocat

Instructiuni de folosire:
1. Se incinge o tigaie cu ulei la foc mediu, se adauga ceapa si usturoiul, se amesteca si se fierbe 5 minute.
2. Adăugați boia și alte ingrediente și gătiți la foc mediu timp de 20 de minute.
3. Împărțiți totul în boluri și serviți.

Nutriție: Calorii 270, grăsimi 7,7, fibre 5,4, carbohidrați 12,9, proteine 7

Tocană de morcovi și dovleac

Timp de preparare: 10 minute
Timp de preparare: 30 minute
Porții: 4

Continut:
- 1 ceapa galbena, tocata
- 2 linguri ulei de masline
- 2 catei de usturoi, tocati marunt
- 4 dovlecei, feliați
- 2 morcovi, feliați
- 1 lingurita boia dulce
- ¼ lingurita boia
- Un praf de piper negru
- ½ ceasca rosii, tocate
- 2 căni de bulion de legume cu conținut scăzut de sodiu
- 1 lingura arpagic, tocat
- 1 lingura rozmarin, tocat

Instructiuni de folosire:
1. Se incinge o tigaie cu ulei la foc mediu, se adauga ceapa si usturoiul, se amesteca si se calesc 5 minute.
2. Adăugați dovleceii, morcovii și alte ingrediente, aduceți la fiert și gătiți încă 25 de minute.
3. Împărțiți tocanita între boluri și serviți imediat la prânz.

Nutriție: Calorii 272, grăsimi 4,6, fibre 4,7, carbohidrați 14,9, proteine 9

Caserolă cu varză și fasole verde

Timp de preparare: 10 minute
Timp de gătire: 25 minute
Porții: 4

Continut:
- 2 linguri ulei de masline
- 1 cap de varza rosie, tocata
- 1 ceapa rosie, tocata
- 1 kilogram de fasole verde, tăiată și tăiată la jumătate
- 2 catei de usturoi, tocati marunt
- 7 grame roșii conservate, tăiate cubulețe fără sare adăugată
- 2 căni de bulion de legume cu conținut scăzut de sodiu
- Un praf de piper negru
- 1 lingură mărar, tocat

Instructiuni de folosire:
1. Se incinge o tigaie cu ulei la foc mediu, se adauga ceapa si usturoiul, se amesteca si se calesc 5 minute.
2. Adăugați varza și alte ingrediente, amestecați, acoperiți și gătiți la foc mediu timp de 20 de minute.
3. Împărțiți în boluri și serviți la prânz.

Nutriție: Calorii 281, grăsimi 8,5, fibre 7,1, carbohidrați 14,9, proteine 6,7

Supă fierbinte de ciuperci

Timp de preparare: 5 minute
Timp de preparare: 30 minute
Porții: 4

Continut:
- 1 ceapa galbena, tocata
- 1 lingura ulei de masline
- 1 ardei rosu, tocat
- 1 lingurita boia
- ½ linguriță piper cayenne
- 4 catei de usturoi, tocati marunt
- 1 kg de ciuperci albe, feliate
- 6 căni de bulion de legume cu conținut scăzut de sodiu
- 1 cana rosii, tocate
- ½ lingurita patrunjel tocat

Instructiuni de folosire:
1. Se încălzeşte o tigaie cu ulei la foc mediu, se adaugă ceapa, fulgii de ardei roşu, ardeiul roşu, fulgii de chili şi usturoiul, se amestecă şi se călesc timp de 5 minute.
2. Adăugați ciupercile, amestecați şi gătiți încă 5 minute.
3. Adăugați ingredientele rămase, aduceți la fiert şi gătiți timp de 20 de minute la foc mediu.
4. Împărțiți supa în boluri şi serviți.

Nutriție: Calorii 290, grăsimi 6,6, fibre 4,6, carbohidrați 16,9, proteine 10

piper carne de porc

Timp de preparare: 10 minute
Timp de preparare: 30 minute
Porții: 4

Continut:
- 2 kg carne de porc friptă, tăiată cubulețe
- 2 linguri pasta de chili
- 1 ceapa galbena, tocata
- 2 catei de usturoi, tocati marunt
- 1 lingura ulei de masline
- 2 căni de bulion de vită cu conținut scăzut de sodiu
- 1 lingura de cimbru, tocat

Instructiuni de folosire:
1. Se incinge o tigaie cu ulei la foc mediu, se adauga ceapa si usturoiul, se amesteca si se calesc 5 minute.
2. Adăugați carnea și gătiți încă 5 minute.
3. Adăugați ingredientele rămase, aduceți la fiert și gătiți încă 20 de minute la foc mediu.
4. Împărțiți amestecul în boluri și serviți.

Nutriție: Calorii 363, grăsimi 8,6, fibre 7, carbohidrați 17,3, proteine 18,4

Salata de somon si ciuperci cu piper

Timp de preparare: 10 minute
Timp de preparare: 20 de minute
Porții: 4

Continut:
- 10 grame de somon afumat, cu conținut scăzut de sodiu, dezosat, fără piele și tăiat cubulețe
- 2 cepe verde, tocate
- 2 ardei rosii, tocati
- 1 lingura ulei de masline
- ½ lingurita de cimbru, uscat
- ½ lingurita boia afumata
- Un praf de piper negru
- 8 grame de ciuperci albe, feliate
- 1 lingura suc de lamaie
- 1 cană măsline negre, fără sâmburi și tăiate la jumătate
- 1 lingura patrunjel tocat

Instructiuni de folosire:
1. Se incinge o tigaie cu ulei la foc mediu, se adauga ceapa si boia, se amesteca si se fierbe 4 minute.
2. Se adauga ciupercile, se amesteca si se calesc 5 minute.
3. Adăugați somon și alte ingrediente, amestecați, gătiți încă 10 minute, împărțiți în boluri și serviți la prânz.

Nutriție: Calorii 321, grăsimi 8,5, fibre 8, carbohidrați 22,2, proteine 13,5

Mix de năut și cartofi

Timp de preparare: 10 minute
Timp de preparare: 30 minute
Porții: 4

Continut:
- 2 linguri ulei de masline
- 1 cană de năut la conserva, fără sare adăugată, scurs și clătit
- 1 kilogram de cartof dulce, decojit și tăiat felii
- 4 catei de usturoi, tocati marunt
- 2 salote, tocate
- 1 cana rosii conservate, nesarate si tocate
- 1 lingurita coriandru, macinat
- 2 rosii, tocate
- 1 cană bulion de legume cu conținut scăzut de sodiu
- Un praf de piper negru
- 1 lingura suc de lamaie
- 1 lingura coriandru tocat

Instructiuni de folosire:
1. Se încălzește o tigaie cu ulei la foc mediu, se adaugă eșalota și usturoiul, se amestecă și se călesc timp de 5 minute.
2. Adăugați năutul, cartofii și alte ingrediente, aduceți la fiert și gătiți timp de 25 de minute la foc mediu.
3. Împărțiți totul în boluri și serviți la prânz.

Nutriție: Calorii 341, grăsimi 11,7, fibre 6, carbohidrați 14,9, proteine 18,7

Mix de pui cu cardamom

Timp de preparare: 10 minute
Timp de preparare: 30 minute
Porții: 4

Continut:
- 1 lingura ulei de masline
- 1 kg piept de pui, fără piele, dezosat și tăiat cubulețe
- 1 șalotă, tocată
- 1 lingura de ghimbir, ras
- 2 catei de usturoi, tocati marunt
- 1 linguriță cardamom, măcinat
- ½ linguriță de pudră de turmeric
- 1 lingurita suc de lamaie
- 1 cană bulion de pui cu conținut scăzut de sodiu
- 1 lingura coriandru tocat

Instructiuni de folosire:
1. Se încălzește uleiul într-o cratiță la foc mediu-mare, se adaugă eșalota, ghimbirul, usturoiul, cardamomul și curcuma, se amestecă și se călesc timp de 5 minute.
2. Adăugați carnea și gătiți timp de 5 minute.
3. Adăugați restul ingredientelor, aduceți la fiert și fierbeți timp de 20 de minute.
4. Împărțiți amestecul în boluri și serviți.

Nutriție: calorii 175, grăsimi 6,5, fibre 0,5, carbohidrați 3,3, proteine 24,7

ardei de linte

Timp de preparare: 10 minute
Timp de gătire: 35 minute
Porții: 6

Continut:
- 1 ardei gras verde, tocat
- 1 lingura ulei de masline
- 2 arpagic, tocat
- 2 catei de usturoi, tocati marunt
- 24 de grame de linte conservată, fără sare adăugată, scursă și clătită
- 2 căni de suc de legume
- 2 linguri pudră de chili, blândă
- ½ linguriță pudră de chipotle
- 30 de grame de rosii conservate, fara sare adaugata, tocate
- Un praf de piper negru

Instructiuni de folosire:
1. Se incinge o tigaie cu ulei la foc mediu, se adauga ceapa si usturoiul, se amesteca si se calesc 5 minute.
2. Adăugați boia de ardei, linte și alte ingrediente, aduceți la fiert și gătiți timp de 30 de minute la foc mediu.
3. Tăiați boiaua în boluri și serviți la prânz.

Nutriție: Calorii 466, grăsimi 5, fibre 37,6, carbohidrați 77,9, proteine 31,2

scarola cu rozmarin

Timp de preparare: 10 minute
Timp de preparare: 20 de minute
Porții: 4

Continut:
- 2 andive tăiate în jumătate pe lungime
- 2 linguri ulei de masline
- 1 lingurita rozmarin, uscat
- ½ linguriță de pudră de turmeric
- Un praf de piper negru

Instructiuni de folosire:
1. Pe o foaie de copt, combinați radicchio cu uleiul și alte ingrediente, amestecați ușor, întoarceți la cuptor și coaceți la 400 de grade F timp de 20 de minute.
2. Împărțiți în farfurii și serviți ca garnitură.

Nutriție: calorii 66, grăsimi 7,1, fibre 1, carbohidrați 1,2, proteine 0,3

cicoare de lamaie

Timp de preparare: 10 minute
Timp de preparare: 20 de minute
Porții: 4

Continut:
- 4 andive tăiate în jumătate pe lungime
- 1 lingura suc de lamaie
- 1 lingura coaja de lamaie, rasa
- 2 linguri de parmezan fara grasimi, rasa
- 2 linguri ulei de masline
- Un praf de piper negru

Instructiuni de folosire:
1. Într-o tavă de copt, combinați scarola cu sucul de lămâie și alte ingrediente, cu excepția parmezanului și amestecați.
2. Se presară cu parmezan, se coace scarola la 400 de grade F timp de 20 de minute, se împarte în farfurii și se servește ca garnitură.

Nutriție: calorii 71, grăsimi 7,1, fibre 0,9, carbohidrați 2,3, proteine 0,9

sparanghel pesto

Timp de preparare: 10 minute
Timp de preparare: 20 de minute
Porții: 4

Continut:
- 1 kilogram de sparanghel, tocat
- 2 linguri pesto de busuioc
- 1 lingura suc de lamaie
- Un praf de piper negru
- 3 linguri ulei de masline
- 2 linguri coriandru, tocat

Instructiuni de folosire:
1. Asezam sparanghelul pe tava tapetata, adaugam pesto si alte ingrediente, amestecam, punem la cuptor si coacem la 400 de grade F timp de 20 de minute.
2. Împărțiți în farfurii și serviți ca garnitură.

Nutriție: calorii 114, grăsimi 10,7, fibre 2,4, carbohidrați 4,6, proteine 2,6

Morcov cu piper

Timp de preparare: 10 minute
Timp de preparare: 30 minute
Porții: 4

Continut:
- 1 kilogram de morcovi pui, tocați
- 1 lingura boia dulce
- 1 lingurita suc de lamaie
- 3 linguri ulei de masline
- Un praf de piper negru
- 1 lingurita de seminte de susan

Instructiuni de folosire:
1. Pune morcovii pe o foaie de copt tapetata, adauga boia de ardei si alte ingrediente, cu exceptia semintelor de susan, amesteca, dai la cuptor si coace la 400 de grade F timp de 30 de minute.
2. Împărțiți morcovii în farfurii, stropiți cu semințe de susan și serviți ca garnitură.

Nutriție: calorii 142, grăsimi 11,3, fibre 4,1, carbohidrați 11,4, proteine 1,2

Caserolă cremoasă de cartofi

Timp de preparare: 10 minute
Timp de gătire: 1 oră
Porții: 8

Continut:
- 1 kg de cartofi aurii, decojiți și tăiați cubulețe
- 2 linguri ulei de masline
- 1 ceapa rosie, tocata
- 2 catei de usturoi, tocati marunt
- 2 cesti crema de cocos
- 1 lingura de cimbru, tocat
- ¼ lingurita nucsoara macinata
- ½ cană de brânză parmezan cu conținut scăzut de grăsimi ras

Instructiuni de folosire:
1. Se incinge o tigaie cu ulei la foc mediu, se adauga ceapa si usturoiul si se calesc 5 minute.
2. Adăugați cartofii și gătiți încă 5 minute.
3. Adăugați smântâna și celelalte ingrediente, amestecați ușor, aduceți la fiert și gătiți încă 40 de minute la foc mediu.
4. Împărțiți amestecul în farfurii și serviți ca garnitură.

Nutriție: Calorii 230, grăsimi 19,1, fibre 3,3, carbohidrați 14,3, proteine 3,6

varză de susan

Timp de preparare: 10 minute
Timp de preparare: 20 de minute
Porții: 4

Continut:
- 1 kilogram de varza kale, tocata grosier
- 2 linguri ulei de masline
- Un praf de piper negru
- 1 șalotă, tocată
- 2 catei de usturoi, tocati marunt
- 2 linguri de otet balsamic
- 2 lingurite ardei rosu iute
- 1 lingurita de seminte de susan

Instructiuni de folosire:
1. Se încălzește o tigaie cu ulei la foc mediu, se adaugă șalota și usturoiul și se prăjesc 5 minute.
2. Adăugați varza și alte ingrediente, amestecați, gătiți la foc mediu timp de 15 minute, împărțiți în farfurii și serviți.

Nutriție: Calorii 101, grăsimi 7,6, fibre 3,4, carbohidrați 84, proteine 1,9

broccoli cu coriandru

Timp de preparare: 10 minute
Timp de preparare: 30 minute
Porții: 4

Continut:
- 2 linguri ulei de masline
- 1 kg de buchete de broccoli
- 2 catei de usturoi, tocati marunt
- 2 linguri sos chili
- 1 lingura suc de lamaie
- Un praf de piper negru
- 2 linguri coriandru, tocat

Instructiuni de folosire:
1. Pe o foaie de copt, combinați broccoli cu uleiul, usturoiul și alte ingrediente, amestecați ușor, puneți la cuptor și prăjiți la 400 de grade F timp de 30 de minute.
2. Împărțiți amestecul în farfurii și serviți ca garnitură.

Nutriție: Calorii 103, grăsimi 7,4, fibre 3, carbohidrați 8,3, proteine 3,4

Piper Varza de Bruxelles

Timp de preparare: 10 minute
Timp de gătire: 25 minute
Porții: 4

Conținut:
- 1 lingura ulei de masline
- 1 liră varză de Bruxelles, tăiată și tăiată la jumătate
- 2 catei de usturoi, tocati marunt
- ½ cană de brânză mozzarella mărunțită cu conținut scăzut de grăsimi
- Un praf de piper cayenne, zdrobit

Instructiuni de folosire:
1. Pe o tavă de copt, combinați mugurii cu uleiul și alte ingrediente, cu excepția brânzei, și amestecați.
2. Presărați brânză deasupra, puneți la cuptor și coaceți la 400 de grade F timp de 25 de minute.
3. Împărțiți în farfurii și serviți ca garnitură.

Nutriție: Calorii 91, grăsimi 4,5, fibre 4,3, carbohidrați 10,9, proteine 5

Amestecul de varza de Bruxelles si ceapa verde

Timp de preparare: 10 minute
Timp de gătire: 25 minute
Porții: 4

Continut:
- 2 linguri ulei de masline
- 1 liră varză de Bruxelles, tăiată și tăiată la jumătate
- 3 cepe verde, tocate
- 2 catei de usturoi, tocati marunt
- 1 lingura otet balsamic
- 1 lingura boia dulce
- Un praf de piper negru

Instructiuni de folosire:
1. Pe o foaie de copt, combinați varza de Bruxelles cu uleiul și alte ingrediente, amestecați și prăjiți la 400 de grade F timp de 25 de minute.
2. Împărțiți amestecul în farfurii și serviți.

Nutriție: calorii 121, grăsimi 7,6, fibre 5,2, carbohidrați 12,7, proteine 4,4

conopida măruntită

Timp de preparare: 10 minute
Timp de gătire: 25 minute
Porții: 4

Continut:
- 2 kilograme de buchețe de conopidă
- ½ cană lapte de cocos
- Un praf de piper negru
- ½ cană de smântână cu conținut scăzut de grăsimi
- 1 lingura coriandru tocat
- 1 lingura arpagic, tocat

Instructiuni de folosire:
1. Se pune conopida într-o cratiță, se adaugă apă cât să se acopere, se aduce la fierbere la foc mediu, se fierbe 25 de minute și se scurge.
2. Se zdrobește conopida, se adaugă lapte, piper negru și smântână, se bat bine, se distribuie pe farfurii, se presară peste restul ingredientelor și se servește.

Nutriție: Calorii 188, grăsimi 13,4, fibre 6,4, carbohidrați 15, proteine 6,1

Salata de avocado

Timp de preparare: 5 minute
Timp de preparare: 0 minute
Porții: 4

Continut:
- 2 linguri ulei de masline
- 2 avocado, decojite, fără sâmburi și tăiate cubulețe
- 1 cană măsline Kalamata, fără sâmburi și tăiate la jumătate
- 1 cană de roșii, tăiate cubulețe
- 1 lingura de ghimbir, ras
- Un praf de piper negru
- 2 căni de rucola fragedă
- 1 lingura otet balsamic

Instructiuni de folosire:
1. Combinați avocado cu kalamata și alte ingrediente într-un castron, amestecați și serviți ca garnitură.

Nutriție: Calorii 320, grăsimi 30,4, fibre 8,7, carbohidrați 13,9, proteine 3

Salata de ridichi

Timp de preparare: 5 minute
Timp de preparare: 0 minute
Porții: 4

Continut:
- 2 cepe verde, feliate
- 1 kg ridichi, tăiate cubulețe
- 2 linguri de otet balsamic
- 2 linguri ulei de masline
- 1 lingurita boia
- 1 cană măsline negre, fără sâmburi și tăiate la jumătate
- Un praf de piper negru

Instructiuni de folosire:
1. Combină ridichile cu ceapa și alte ingrediente într-un castron mare de salată, se amestecă și se servește ca garnitură.

Nutriție: Calorii 123, grăsimi 10,8, fibre 3,3, carbohidrați 7, proteine 1,3

Salata de escarola de lamaie

Timp de preparare: 5 minute
Timp de preparare: 0 minute
Porții: 4

Continut:
- 2 andive, tocate grosier
- 1 lingură mărar, tocat
- ¼ cană suc de lămâie
- ¼ cană ulei de măsline
- 2 cesti baby spanac
- 2 roșii, tăiate cubulețe
- 1 castravete, feliat
- ½ ceasca de nuci tocate

Instructiuni de folosire:
1. Combinați scarola cu spanacul și alte ingrediente într-un castron mare, amestecați și serviți ca garnitură.

Nutriție: Calorii 238, grăsimi 22,3, fibre 3,1, carbohidrați 8,4, proteine 5,7

Se amestecă măsline și porumb

Timp de preparare: 5 minute
Timp de preparare: 0 minute
Porții: 4

Continut:
- 2 linguri ulei de masline
- 1 lingura otet balsamic
- Un praf de piper negru
- 4 cani de porumb
- 2 căni de măsline negre, fără sâmburi și tăiate la jumătate
- 1 ceapa rosie, tocata
- ½ cană de roșii cherry, tăiate la jumătate
- 1 lingura busuioc, tocat
- 1 lingura jalapeno, tocat marunt
- 2 cani de salata verde, tocata

Instructiuni de folosire:
1. Într-un castron mare, combinați porumbul cu măsline, salata și alte ingrediente, amestecați bine, împărțiți între farfurii și serviți ca garnitură.

Nutriție: Calorii 290, grăsimi 16,1, fibre 7,4, carbohidrați 37,6, proteine 6,2

Salata de rucola si nuci de pin

Timp de preparare: 5 minute
Timp de preparare: 0 minute
Porții: 4

Continut:
- ¼ cană semințe de rodie
- 5 căni de rucola fragedă
- 6 linguri ceapa verde, tocata
- 1 lingura otet balsamic
- 2 linguri ulei de masline
- 3 linguri nuci de pin
- ½ şalotă, tocată

Instructiuni de folosire:
1. Amesteca rucola cu rodie si alte ingrediente intr-un bol de salata si serveste.

Nutriție: calorii 120, grăsimi 11,6, fibre 0,9, carbohidrați 4,2, proteine 1,8

Migdale și spanac

Timp de preparare: 10 minute
Timp de preparare: 0 minute
Porții: 4

Continut:
- 2 linguri ulei de masline
- 2 avocado, decojite, fără sâmburi și tăiate cubulețe
- 3 cesti baby spanac
- ¼ cană migdale, prăjite și tocate
- 1 lingura suc de lamaie
- 1 lingura coriandru tocat

Instructiuni de folosire:
1. Combinați avocado cu migdalele, spanacul și celelalte ingrediente într-un bol, amestecați și serviți ca garnitură.

Nutriție: calorii 181, grăsimi 4, fibre 4,8, carbohidrați 11,4, proteine 6

Salată de fasole verde și porumb

Timp de preparare: 4 minute
Timp de preparare: 0 minute
Porții: 4

Continut:
- Suc de 1 lime
- 2 cani de salata verde, tocata
- 1 cană de porumb
- ½ kilogram de fasole verde, albită și tăiată la jumătate
- 1 castravete, tocat
- 1/3 cană arpagic, tocat

Instructiuni de folosire:
1. Amestecați fasolea verde cu porumbul și alte ingrediente într-un bol și serviți.

Nutriție: calorii 225, grăsimi 12, fibre 2,4, carbohidrați 11,2, proteine 3,5

Salată de andive și varză

Timp de preparare: 4 minute
Timp de preparare: 0 minute
Porții: 4

Continut:
- 3 linguri ulei de masline
- 2 andive, tăiate și tocate
- 2 linguri suc de lamaie
- 1 lingura coaja de lamaie, rasa
- 1 ceapa rosie, taiata felii
- 1 lingura otet balsamic
- 1 kg de varză, măruntită
- Un praf de piper negru

Instructiuni de folosire:
1. Într-un castron, combinați andivele cu kale și alte ingrediente, amestecați bine și serviți rece ca garnitură de salată.

Nutriție: Calorii 270, grăsimi 11,4, fibre 5, carbohidrați 14,3, proteine 5,7

salata edamame

Timp de preparare: 5 minute
Timp de preparare: 6 minute
Porții: 4

Continut:
- 2 linguri ulei de masline
- 2 linguri de otet balsamic
- 2 catei de usturoi, tocati marunt
- 3 căni de edamame, decojite
- 1 lingura arpagic, tocat
- 2 salote, tocate

Instructiuni de folosire:
1. Se incinge o tigaie cu ulei la foc mediu, se adauga edamame, usturoiul si alte ingrediente, se amesteca, se prajesc 6 minute, se imparte intre farfurii si se serveste.

Nutriție: Calorii 270, grăsimi 8,4, fibre 5,3, carbohidrați 11,4, proteine 6

Salată de struguri și avocado

Timp de preparare: 5 minute
Timp de preparare: 0 minute
Porții: 4

Continut:
- 2 cesti baby spanac
- 2 avocado, decojite, fără semințe și tăiate cubulețe
- 1 castravete, feliat
- 1 cană și jumătate de struguri verzi, tăiați la jumătate
- 2 linguri de ulei de avocado
- 1 lingura otet de mere
- 2 linguri patrunjel tocat
- Un praf de piper negru

Instructiuni de folosire:
1. Combinați pui de spanac cu avocado și alte ingrediente într-un bol de salată, amestecați și serviți.

Nutriție: Calorii 277, grăsimi 11,4, fibre 5, carbohidrați 14,6, proteine 4

Amestecul de vinete cu cimbru

Timp de preparare: 10 minute
Timp de preparare: 20 de minute
Porții: 4

Continut:
- 2 vinete mari, tăiate cubulețe
- 1 lingura de cimbru, tocat
- ½ cană de brânză parmezan cu conținut scăzut de grăsimi ras
- ¼ linguriță de usturoi pudră
- 2 linguri ulei de masline
- Un praf de piper negru

Instructiuni de folosire:
1. Pe o tavă de copt, combinați vinetele cu celelalte ingrediente, cu excepția cimbrului și a brânzei, și amestecați.
2. Se presara cu parmezan, se da la cuptor si se coace la 370 de grade F timp de 20 de minute.
3. Împărțiți în farfurii și serviți ca garnitură.

Nutriție: Calorii 248, grăsimi 8,4, fibre 4, carbohidrați 14,3, proteine 5,4

Amestecul de roșii la cuptor

Timp de preparare: 10 minute
Timp de preparare: 20 de minute
Porții: 4

Continut:
- 2 kg de roșii, tăiate la jumătate
- 1 lingura busuioc, tocat
- 3 linguri ulei de masline
- 1 coaja de lamaie, rasa
- 3 catei de usturoi, tocati marunt
- ¼ de cană de brânză parmezan cu conținut scăzut de grăsimi rasă
- Un praf de piper negru

Instructiuni de folosire:
1. Pe o tavă de copt, combinați roșiile cu busuioc și alte ingrediente, cu excepția brânzei, și amestecați.
2. Se presară cu parmezan, se coace la 375 de grade F timp de 20 de minute, se împarte în farfurii și se servește ca garnitură.

Nutriție: Calorii 224, grăsimi 12, fibre 4,3, carbohidrați 10,8, proteine 5,1

ciuperci de cimbru

Timp de preparare: 10 minute
Timp de preparare: 30 minute
Porții: 4

Continut:
- 2 kilograme de ciuperci albe, tăiate în jumătate
- 4 catei de usturoi, tocati marunt
- 2 linguri ulei de masline
- 1 lingura de cimbru, tocat
- 2 linguri patrunjel tocat
- gust de piper negru

Instructiuni de folosire:
1. Combinați ciupercile cu usturoi și alte ingrediente pe o foaie de copt, amestecați, întoarceți la cuptor și coaceți la 400 de grade F timp de 30 de minute.
2. Împărțiți în farfurii și serviți ca garnitură.

Nutriție: Calorii 251, grăsimi 9,3, fibre 4, carbohidrați 13,2, proteine 6

Spanac si porumb sotate

Timp de preparare: 10 minute
Timp de preparare: 15 minute
Porții: 4

Continut:
- 1 cană de porumb
- 1 kg de frunze de spanac
- 1 lingurita boia dulce
- 1 lingura ulei de masline
- 1 ceapa galbena, tocata
- ½ cană busuioc, zdrobit
- Un praf de piper negru
- ½ linguriță fulgi de ardei roșu

Instructiuni de folosire:
1. Se incinge o tigaie cu ulei la foc mediu-mare, se adauga ceapa, se amesteca si se caleste 5 minute.
2. Adăugați porumbul, spanacul și celelalte ingrediente, amestecați, gătiți încă 10 minute la foc mediu, împărțiți în farfurii și serviți.

Nutriție: calorii 201, grăsimi 13,1, fibre 2,5, carbohidrați 14,4, proteine 3,7

Porumb sotat si ceapa verde

Timp de preparare: 10 minute
Timp de preparare: 15 minute
Porții: 4

Continut:
- 4 cani de porumb
- 1 lingura de ulei de avocado
- 2 salote, tocate
- 1 lingurita boia
- 2 linguri piure de rosii, fara sare
- 3 cepe, tocate
- Un praf de piper negru

Instructiuni de folosire:
1. Se încălzește o tigaie cu ulei la foc mediu-mare, se adaugă ceapa verde și praful de ardei iute, se amestecă și se călesc timp de 5 minute.
2. Adăugați porumbul și celelalte ingrediente, amestecați, gătiți încă 10 minute, împărțiți în farfurii și serviți ca garnitură.

Nutriție: Calorii 259, grăsimi 11,1, fibre 2,6, carbohidrați 13,2, proteine 3,5

Salată de spanac și mango

Timp de preparare: 10 minute
Timp de preparare: 0 minute
Porții: 4

Continut:
- 1 cană de mango, decojit și tăiat cubulețe
- 4 căni de spanac baby
- 1 lingura ulei de masline
- 2 arpagic, tocat
- 1 lingura suc de lamaie
- 1 lingura capere, scurse, fara sare
- 1/3 cana migdale tocate

Instructiuni de folosire:
1. Se amestecă și se potrivește spanacul cu mango și celelalte ingrediente într-un bol și se servește.

Nutriție: calorii 200, grăsimi 7,4, fibre 3, carbohidrați 4,7, proteine 4,4

cartofi muștar

Timp de preparare: 5 minute
Timp de gătire: 1 oră
Porții: 4

Continut:
- 1 kg de cartofi aurii, decojiți și tăiați cubulețe
- 2 linguri ulei de masline
- Un praf de piper negru
- 2 linguri rozmarin, tocat
- 1 lingură muștar dijon
- 2 catei de usturoi, tocati marunt

Instructiuni de folosire:
1. Pe o foaie de copt, combinați cartofii cu uleiul și alte ingrediente, amestecați, dați la cuptor la 400 de grade F și coaceți aproximativ 1 oră.
2. Împărțiți în farfurii și serviți imediat ca garnitură.

Nutriție: Calorii 237, grăsimi 11,5, fibre 6,4, carbohidrați 14,2, proteine 9

Varza de Bruxelles de cocos

Timp de preparare: 5 minute
Timp de preparare: 30 minute
Porții: 4

Continut:
- 1 liră varză de Bruxelles, tăiată și tăiată la jumătate
- 1 cana crema de cocos
- 1 lingura ulei de masline
- 2 salote, tocate
- Un praf de piper negru
- ½ cană caju, tocate

Instructiuni de folosire:
1. Într-o tigaie, combinați mugurii cu smântâna și ingredientele rămase, amestecați și coaceți la 350 de grade F timp de 30 de minute.
2. Împărțiți în farfurii și serviți ca garnitură.

Nutriție: calorii 270, grăsimi 6,5, fibre 5,3, carbohidrați 15,9, proteine 3,4

morcov cu salvie

Timp de preparare: 10 minute
Timp de preparare: 30 minute
Porții: 4

Continut:
- 2 linguri ulei de masline
- 2 lingurite boia dulce
- 1 kilogram de morcovi, decojiți și tăiați cubulețe
- 1 ceapa rosie, tocata
- 1 lingura de salvie tocata
- Un praf de piper negru

Instructiuni de folosire:
1. Combinați morcovii cu ulei și alte ingrediente pe o foaie de copt, amestecați și prăjiți la 380 de grade F timp de 30 de minute.
2. Împărțiți și serviți pe farfurii.

Nutriție: Calorii 200, grăsimi 8,7, fibre 2,5, carbohidrați 7,9, proteine 4

Ciuperci cu usturoi si porumb

Timp de preparare: 10 minute
Timp de preparare: 20 de minute
Porții: 4

Continut:
- 1 kg de ciuperci albe, tăiate la jumătate
- 2 cani de porumb
- 2 linguri ulei de masline
- 4 catei de usturoi, tocati marunt
- 1 cana rosii conservate, fara sare adaugata, tocate
- Un praf de piper negru
- ½ lingurita boia

Instructiuni de folosire:
1. Se incinge o tigaie cu ulei la foc mediu, se adauga ciupercile, usturoiul si porumbul, se amesteca si se calesc 10 minute.
2. Adăugați ingredientele rămase, amestecați, gătiți încă 10 minute la foc mediu, împărțiți în farfurii și serviți.

Nutriție: calorii 285, grăsimi 13, fibre 2,2, carbohidrați 14,6, proteine 6,7.

Fasole verde cu pesto

Timp de preparare: 10 minute
Timp de preparare: 15 minute
Porții: 4

Continut:
- 2 linguri pesto de busuioc
- 2 lingurite boia dulce
- 1 kilogram de fasole verde, tăiată și tăiată la jumătate
- suc de 1 lămâie
- 2 linguri ulei de masline
- 1 ceapa rosie, taiata felii
- Un praf de piper negru

Instructiuni de folosire:
1. Se incinge o tigaie cu ulei la foc mediu-mare, se adauga ceapa, se amesteca si se caleste 5 minute.
2. Se adauga fasolea si celelalte ingrediente, se amesteca, se fierbe la foc mediu 10 minute, se imparte in farfurii si se serveste.

Nutriție: Calorii 280, grăsimi 10, fibre 7,6, carbohidrați 13,9, proteine 4,7

roșie tarhon

Timp de preparare: 5 minute
Timp de preparare: 0 minute
Porții: 4

Continut:
- 1 și ½ linguriță ulei de măsline
- 1 kilogram de roșii, feliate
- 1 lingura suc de lamaie
- 1 lingura coaja de lamaie, rasa
- 2 linguri tarhon, tocat
- Un praf de piper negru

Instructiuni de folosire:
1. Se amestecă roșiile cu alte ingrediente într-un bol și se servesc drept salată.

Nutriție: Calorii 170, grăsimi 4, fibre 2,1, carbohidrați 11,8, proteine 6

migdale de sfeclă roșie

Timp de preparare: 10 minute
Timp de preparare: 30 minute
Porții: 4

Continut:
- 4 sfeclă roșie, decojite și tăiate cubulețe
- 3 linguri ulei de masline
- 2 linguri migdale tocate
- 2 linguri de otet balsamic
- Un praf de piper negru
- 2 linguri patrunjel tocat

Instructiuni de folosire:
1. Combinați sfecla roșie cu ulei și alte ingrediente pe o foaie de copt, amestecați, dați la cuptor și coaceți la 400 de grade timp de 30 de minute.
2. Împărțiți amestecul în farfurii și serviți.

Nutriție: Calorii 230, grăsimi 11, fibre 4,2, carbohidrați 7,3, proteine 3,6

roșii de mentă și porumb

Timp de preparare: 5 minute
Timp de preparare: 0 minute
Porții: 4

Continut:
- 2 linguri de menta, tocata
- 1 kilogram de roșii, feliate
- 2 cani de porumb
- 2 linguri ulei de masline
- 1 lingura otet de rozmarin
- Un praf de piper negru

Instructiuni de folosire:
1. Se amestecă roșiile cu porumbul și alte ingrediente într-un bol de salată și se servesc.

Bucurați-vă!

Nutriție: Calorii 230, grăsimi 7,2, fibre 2, carbohidrați 11,6, proteine 4

Dovlecel și sos de avocado

Timp de preparare: 5 minute
Timp de preparare: 10 minute
Porții: 4

Continut:
- 2 linguri ulei de masline
- 2 dovlecei, tăiați cubulețe
- 1 avocado, decojit, fără sâmburi și tăiat cubulețe
- 2 roșii, tăiate cubulețe
- 1 castravete, taiat cubulete
- 1 ceapa galbena, tocata
- 2 linguri suc proaspăt de lămâie
- 2 linguri coriandru, tocat

Instructiuni de folosire:
1. Se incinge uleiul intr-o tigaie la foc mediu, se adauga ceapa si dovlecelul, se amesteca si se calesc 5 minute.
2. Adăugați ingredientele rămase, amestecați, gătiți încă 5 minute, împărțiți în farfurii și serviți.

Nutriție: Calorii 290, grăsimi 11,2, fibre 6,1, carbohidrați 14,7, proteine 5,6

Amestecul de mere și varză

Timp de preparare: 5 minute
Timp de preparare: 0 minute
Porții: 4

Continut:
- 2 mere verzi, fără miez și tăiate cubulețe
- 1 cap de varza rosie, tocata
- 2 linguri de otet balsamic
- ½ linguriță de semințe de chimen
- 2 linguri ulei de masline
- gust de piper negru

Instructiuni de folosire:
1. Combinați varza kale cu merele și alte ingrediente într-un bol, amestecați și serviți ca salată.

Nutriție: Calorii 165, grăsimi 7,4, fibre 7,3, carbohidrați 26, proteine 2,6

sfeclă prăjită

Timp de preparare: 10 minute
Timp de preparare: 30 minute
Porții: 4

Continut:
- 4 sfeclă roșie, decojite și tăiate cubulețe
- 2 linguri ulei de masline
- 2 catei de usturoi, tocati marunt
- Un praf de piper negru
- ¼ cană pătrunjel tocat
- ¼ cana nuci tocate

Instructiuni de folosire:
1. Combinați sfecla cu ulei și alte ingrediente pe o foaie de copt, acoperiți, puneți la cuptor la 420 de grade F, coaceți timp de 30 de minute, împărțiți între farfurii și serviți ca garnitură.

Nutriție: calorii 156, grăsimi 11,8, fibre 2,7, carbohidrați 11,5, proteine 3,8

varză cu mărar

Timp de preparare: 10 minute
Timp de preparare: 15 minute
Porții: 4

Continut:
- 1 kg varza kale, tocata
- 1 ceapa galbena, tocata
- 1 roșie, tăiată cubulețe
- 1 lingură mărar, tocat
- Un praf de piper negru
- 1 lingura ulei de masline

Instructiuni de folosire:
1. Se incinge o tigaie cu ulei la foc mediu, se adauga ceapa si se caleste 5 minute.
2. Adaugam varza si celelalte ingrediente, amestecam, fierbem la foc mediu 10 minute, impartim in farfurii si servim.

Nutriție: calorii 74, grăsimi 3,7, fibre 3,7, carbohidrați 10,2, proteine 2,1

Salata de varza si morcovi

Timp de preparare: 5 minute
Timp de preparare: 0 minute
Porții: 4

Continut:
- 2 salote, tocate
- 2 morcovi, rasi
- 1 cap mare de varza rosie, tocata
- 1 lingura ulei de masline
- 1 lingura otet rosu
- Un praf de piper negru
- 1 lingura suc de lamaie

Instructiuni de folosire:
1. Amesteca varza cu salota si alte ingrediente intr-un bol, amesteca si serveste ca garnitura de salata.

Nutriție: Calorii 106, grăsimi 3,8, fibre 6,5, carbohidrați 18, proteine 3,3

Sos de rosii si masline

Timp de preparare: 10 minute
Timp de preparare: 0 minute
Porții: 6

Continut:
- 1 kilogram de roșii cherry, tăiate la jumătate
- 2 linguri ulei de masline
- 1 cană măsline Kalamata, fără sâmburi și tăiate la jumătate
- Un praf de piper negru
- 1 ceapa rosie, tocata
- 1 lingura otet balsamic
- ¼ cană coriandru tocat

Instructiuni de folosire:
1. Se amestecă roșiile cu măsline și alte ingrediente într-un bol și se servesc drept salată.

Nutriție: calorii 131, grăsimi 10,9, fibre 3,1, carbohidrați 9,2, proteine 1,6

Salata de dovlecel

Timp de preparare: 4 minute
Timp de preparare: 0 minute
Porții: 4

Continut:
- 2 dovlecei, tăiați cu un spiralizator
- 1 ceapa rosie, taiata felii
- 1 lingura pesto de busuioc
- 1 lingura suc de lamaie
- 1 lingura ulei de masline
- ½ cană coriandru tocat
- gust de piper negru

Instructiuni de folosire:
1. Amestecați dovlecelul cu ceapa și alte ingrediente într-un bol de salată și serviți.

Nutriție: Calorii 58, grăsimi 3,8, fibre 1,8, carbohidrați 6, proteine 1,6

Curry de râmă și morcovi

Timp de preparare: 4 minute
Timp de preparare: 0 minute
Porții: 4

Continut:
- 1 kg morcovi, decojiti si rasi
- 2 linguri de ulei de avocado
- 2 linguri suc de lamaie
- 3 linguri susan
- ½ linguriță pudră de curry
- 1 lingurita rozmarin, uscat
- ½ linguriță chimen măcinat

Instructiuni de folosire:
1. Se amestecă morcovul cu uleiul, sucul de lămâie și celelalte ingrediente într-un bol și se servește rece.

Nutriție: Calorii 99, grăsimi 4,4, fibre 4,2, carbohidrați 13,7, proteine 2,4

Salată verde și sfeclă roșie

Timp de preparare: 5 minute
Timp de preparare: 0 minute
Porții: 4

Continut:
- 1 lingura de ghimbir, ras
- 2 catei de usturoi, tocati marunt
- 4 cani de salata verde, tocata
- 1 sfeclă roșie, curățată și rasă
- 2 cepe verde, tocate
- 1 lingura otet balsamic
- 1 lingura susan

Instructiuni de folosire:
1. Combinați salata cu ghimbirul, usturoiul și celelalte ingrediente într-un bol, amestecați și serviți ca garnitură.

Nutriție: calorii 42, grăsimi 1,4, fibre 1,5, carbohidrați 6,7, proteine 1,4

planta de ridiche

Timp de preparare: 5 minute
Timp de preparare: 0 minute
Porții: 4

Continut:
- 1 kg ridichi roșii, tăiate cubulețe
- 1 lingura arpagic, tocat
- 1 lingura patrunjel tocat
- 1 lingura de cimbru, tocat
- 2 linguri ulei de masline
- 1 lingura suc de lamaie
- gust de piper negru

Instructiuni de folosire:
1. Amesteca ridichile cu arpagicul si alte ingrediente intr-un castron de salata si serveste.

Nutriție: Calorii 85, grăsimi 7,3, fibre 2,4, carbohidrați 5,6, proteine 1

Amestecul de fenicul copt

Timp de preparare: 5 minute
Timp de preparare: 20 de minute
Porții: 4

Continut:
- 2 bulbi de fenicul, feliati
- 1 lingurita boia dulce
- 1 ceapa rosie mica, taiata felii
- 2 linguri ulei de masline
- 2 linguri suc de lamaie
- 2 linguri de marar, tocat
- gust de piper negru

Instructiuni de folosire:
1. Combinați feniculul cu boia și alte ingrediente într-o tigaie, amestecați și gătiți la 380 de grade F timp de 20 de minute.
2. Împărțiți amestecul în farfurii și serviți.

Nutriție: calorii 114, grăsimi 7,4, fibre 4,5, carbohidrați 13,2, proteine 2,1

ardei copt

Timp de preparare: 10 minute
Timp de preparare: 30 minute
Porții: 4

Conținut:
- 1 kilogram de ardei amestecați, feliați
- 1 ceapă roșie, feliată subțire
- 2 linguri ulei de masline
- gust de piper negru
- 1 lingura de cimbru, tocat
- 2 linguri frunze de menta, tocate

Instrucțiuni de folosire:
1. Într-o tigaie, combinați ardeii cu ceapa și alte ingrediente, amestecați și prăjiți la 380 de grade F timp de 30 de minute.
2. Împărțiți amestecul în farfurii și serviți.

Nutriție: Calorii 240, grăsimi 8,2, fibre 4,2, carbohidrați 11,3, proteine 5,6

Curmale sotate și varză

Timp de preparare: 5 minute
Timp de preparare: 15 minute
Porții: 4

Continut:
- 1 kg varză roșie, tocată
- 8 curmale, fără sâmburi și feliate
- 2 linguri ulei de masline
- ¼ cană suc de legume cu conținut scăzut de sodiu
- 2 linguri de arpagic, tocat
- 2 linguri suc de lamaie
- gust de piper negru

Instructiuni de folosire:
1. Se incinge o tigaie cu ulei la foc mediu, se adauga varza si curmalele, se amesteca si se fierbe 4 minute.
2. Adăugați bulionul și celelalte ingrediente, amestecați, gătiți încă 11 minute la foc mediu, împărțiți în farfurii și serviți.

Nutriție: Calorii 280, grăsimi 8,1, fibre 4,1, carbohidrați 8,7, proteine 6,3

Mix de fasole neagră

Timp de preparare: 4 minute
Timp de preparare: 0 minute
Porții: 4

Continut:
- 3 cani de fasole neagra conservata, fara sare adaugata, scursa si clatita
- 1 cană de roșii cherry, tăiate la jumătate
- 2 salote, tocate
- 3 linguri ulei de masline
- 1 lingura otet balsamic
- gust de piper negru
- 1 lingura arpagic, tocat

Instructiuni de folosire:
1. Se amestecă fasolea cu roșiile și alte ingrediente într-un bol și se servește rece.

Nutriție: Calorii 310, grăsimi 11,0, fibre 5,3, carbohidrați 19,6, proteine 6,8

Amestecul de măsline și cicoare

Timp de preparare: 4 minute
Timp de preparare: 0 minute
Porții: 4

Continut:
- 2 arpagic, tocat
- 2 andive tocate
- 1 cană măsline negre, fără sâmburi și tăiate felii
- ½ cană măsline kalamata, fără sâmburi și feliate
- ¼ cană oțet de mere
- 2 linguri ulei de masline
- 1 lingura coriandru tocat

Instructiuni de folosire:
1. Se amestecă scarola cu măsline și alte ingrediente într-un castron și se servește.

Nutriție: Calorii 230, grăsimi 9,1, fibre 6,3, carbohidrați 14,6, proteine 7,2

Salată de roșii și castraveți

Timp de preparare: 5 minute
Timp de preparare: 0 minute
Porții: 4

Continut:
- ½ kg de roșii tăiate cubulețe
- 2 castraveți, feliați
- 1 lingura ulei de masline
- 2 arpagic, tocat
- gust de piper negru
- Suc de 1 lime
- ½ cană busuioc, tocat

Instructiuni de folosire:
1. Se amestecă roșiile cu castraveții și alte ingrediente într-un bol de salată și se servesc rece.

Nutriție: calorii 224, grăsimi 11,2, fibre 5,1, carbohidrați 8,9, proteine 6,2

Salata de morcovi si ardei

Timp de preparare: 5 minute
Timp de preparare: 0 minute
Porții: 4

Continut:
- 1 cană de roșii cherry, tăiate la jumătate
- 1 ardei gras galben, tocat
- 1 ardei rosu, tocat
- 1 ardei gras verde, tocat
- ½ kg morcovi rasi
- 3 linguri otet de vin rosu
- 2 linguri ulei de masline
- 1 lingura coriandru tocat
- gust de piper negru

Instructiuni de folosire:
1. Se amestecă roșiile cu ardei, morcovi și alte ingrediente într-un bol de salată, se amestecă și se servesc ca garnitură de salată.

Nutriție: Calorii 123, grăsimi 4, fibre 8,4, carbohidrați 14,4, proteine 1,1

Amestecul de fasole neagră și orez

Timp de preparare: 10 minute
Timp de preparare: 30 minute
Porții: 4

Continut:
- 2 linguri ulei de masline
- 1 ceapa galbena, tocata
- 1 cană de fasole neagră conservată, fără sare adăugată, scursă și clătită
- 2 căni de orez negru
- 4 căni de supă de pui cu conținut scăzut de sodiu
- 2 linguri de cimbru, tocat
- coaja de ½ lămâie, rasă
- Un praf de piper negru

Instructiuni de folosire:
1. Se incinge o tigaie cu ulei la foc mediu-mare, se adauga ceapa, se amesteca si se caleste timp de 4 minute.
2. Adăugați fasolea, orezul și alte ingrediente, amestecați, aduceți la fierbere și gătiți timp de 25 de minute la foc mediu.
3. Se amestecă amestecul, se împarte în farfurii și se servește.

Nutriție: Calorii 290, grăsimi 15,3, fibre 6,2, carbohidrați 14,6, proteine 8

Amestecul de orez și conopidă

Timp de preparare: 10 minute
Timp de gătire: 25 minute
Porții: 4

Continut:
- 1 cană buchetele de conopidă
- 1 cană de orez alb
- 2 căni de supă de pui cu conținut scăzut de sodiu
- 1 lingura de ulei de avocado
- 2 salote, tocate
- ¼ cană afine
- ½ cană migdale, feliate

Instructiuni de folosire:
1. Se încălzește o tigaie cu ulei la foc mediu, se adaugă eșalota, se amestecă și se călește timp de 5 minute.
2. Adăugați conopida, orezul și alte ingrediente, amestecați, aduceți la fierbere și gătiți timp de 20 de minute la foc mediu.
3. Împărțiți amestecul în farfurii și serviți.

Nutriție: Calorii 290, grăsimi 15,1, fibre 5,6, carbohidrați 7, proteine 4,5

Mix de fasole balsamic

Timp de preparare: 10 minute
Timp de preparare: 0 minute
Porții: 4

Continut:
- 2 cani de fasole neagra conservata, fara sare adaugata, scursa si clatita
- 2 cani de fasole marine conservata, fara sare adaugata, scursa si clatita
- 2 linguri de otet balsamic
- 2 linguri ulei de masline
- 1 lingurita de cimbru, uscat
- 1 lingurita busuioc, uscat
- 1 lingura arpagic, tocat

Instructiuni de folosire:
1. Combinați fasolea cu oțet și alte ingrediente într-un bol de salată, amestecați și serviți ca garnitură de salată.

Nutriție: Calorii 322, grăsimi 15,1, fibre 10, carbohidrați 22,0, proteine 7

Sfeclă cremă

Timp de preparare: 5 minute
Timp de preparare: 20 de minute
Porții: 4

Continut:
- 1 kg de sfeclă, curățată și tăiată cubulețe
- 1 ceapa rosie, tocata
- 1 lingura ulei de masline
- ½ cană cremă de cocos
- 4 linguri de iaurt fără grăsimi
- 1 lingura arpagic, tocat

Instructiuni de folosire:
1. Se incinge o tigaie cu ulei la foc mediu, se adauga ceapa, se amesteca si se caleste 4 minute.
2. Adăugați sfecla roșie, smântâna și alte ingrediente, amestecați, fierbeți încă 15 minute la foc mediu, împărțiți în farfurii și serviți.

Nutriție: Calorii 250, grăsimi 13,4, fibre 3, carbohidrați 13,3, proteine 6,4

Amestec de ardei avocado

Timp de preparare: 10 minute
Timp de gătire: 14 minute
Porții: 4

Continut:
- 1 lingura de ulei de avocado
- 1 lingurita boia dulce
- 1 kilogram de ardei amestecați, tăiați fâșii
- 1 avocado, decojit, fără sâmburi și tăiat la jumătate
- 1 lingurita praf de usturoi
- 1 lingurita rozmarin, uscat
- ½ cană bulion de legume cu conținut scăzut de sodiu
- gust de piper negru

Instructiuni de folosire:
1. Se incinge o tigaie cu ulei la foc mediu-mare, se adauga toata boia, se amesteca si se caleste 5 minute.
2. Adăugați ingredientele rămase, amestecați, gătiți încă 9 minute la foc mediu, împărțiți în farfurii și serviți.

Nutriție: Calorii 245, grăsimi 13,8, fibre 5, carbohidrați 22,5, proteine 5,4

Cartofi dulci și sfeclă prăjită

Timp de preparare: 10 minute
Timp de gătire: 1 oră
Porții: 4

Continut:
- 3 linguri ulei de masline
- 2 cartofi dulci, decojiti si feliati
- 2 sfeclă roșie, decojite și tăiate cubulețe
- 1 lingura de cimbru, tocat
- 1 lingura suc de lamaie
- gust de piper negru

Instructiuni de folosire:
1. Aranjați cartofii dulci și sfecla pe o foaie de copt căptușită, adăugați ingredientele rămase, amestecați, puneți la cuptor și prăjiți la 375 de grade F timp de 1 oră.
2. Împărțiți în farfurii și serviți ca garnitură.

Nutriție: Calorii 240, grăsimi 11,2, fibre 4, carbohidrați 8,6, proteine 12,1

varză sotă

Timp de preparare: 10 minute
Timp de preparare: 15 minute
Porții: 4

Continut:
- 2 linguri ulei de masline
- 3 linguri de aminoacizi de cocos
- 1 kg de varză, mărunțită
- 1 ceapa rosie, tocata
- 2 catei de usturoi, tocati marunt
- 1 lingura suc de lamaie
- 1 lingura coriandru tocat

Instructiuni de folosire:
1. Se incinge o tigaie cu ulei de masline la foc mediu, se adauga ceapa si usturoiul si se calesc 5 minute.
2. Adăugați varza și alte ingrediente, amestecați, gătiți la foc mediu timp de 10 minute, împărțiți între farfurii și serviți.

Nutriție: Calorii 200, grăsimi 7,1, fibre 2, carbohidrați 6,4, proteine 6

Morcov condimentat

Timp de preparare: 10 minute
Timp de preparare: 20 de minute
Porții: 4

Continut:
- 1 lingura suc de lamaie
- 1 lingura ulei de masline
- ½ linguriță de ienibahar, măcinat
- ½ linguriță chimen măcinat
- ½ linguriță nucșoară, măcinată
- 1 kilogram de morcovi pui, tocați
- 1 lingura rozmarin, tocat
- gust de piper negru

Instructiuni de folosire:
1. Într-o tigaie, combinați morcovii cu zeama de lămâie, uleiul și alte ingrediente, amestecați, puneți la cuptor și prăjiți la 400 de grade F timp de 20 de minute.
2. Împărțiți și serviți pe farfurii.

Nutriție: calorii 260, grăsimi 11,2, fibre 4,5, carbohidrați 8,3, proteine 4,3

anghinare cu lamaie

Timp de preparare: 10 minute
Timp de preparare: 20 de minute
Porții: 4

Continut:
- 2 linguri suc de lamaie
- 4 anghinare, taiate si injumatati
- 1 lingură mărar, tocat
- 2 linguri ulei de masline
- Un praf de piper negru

Instructiuni de folosire:
1. Într-o tigaie, combinați anghinarea cu sucul de lămâie și alte ingrediente, amestecați ușor și gătiți la 400 de grade F timp de 20 de minute. Împărțiți în farfurii și serviți.

Nutriție: Calorii 140, grăsimi 7,3, fibre 8,9, carbohidrați 17,7, proteine 5,5

Broccoli, fasole și orez

Timp de preparare: 10 minute
Timp de preparare: 30 minute
Porții: 4

Continut:
- 1 cana buchetele de broccoli, tocate
- 1 cana fasole neagra conservata, nesarata, scursa
- 1 cană de orez alb
- 2 căni de supă de pui cu conținut scăzut de sodiu
- 2 lingurite boia dulce
- gust de piper negru

Instructiuni de folosire:
1. Pune carnea într-o cratiță, se încălzește la foc mediu, se adaugă orezul și alte ingrediente, se amestecă, se aduce la fierbere și se fierbe timp de 30 de minute, amestecând din când în când.
2. Împărțiți amestecul în farfurii și serviți ca garnitură.

Nutriție: Calorii 347, grăsimi 1,2, fibre 9, carbohidrați 69,3, proteine 15,1

Amestecul de dovleac copt

Timp de preparare: 10 minute
Timp de gătire: 45 de minute
Porții: 4

Continut:
- 2 linguri ulei de masline
- 2 kilograme de dovleac, decojit și tăiat cubulețe
- 1 lingura suc de lamaie
- 1 lingurita boia
- 1 lingurita praf de usturoi
- 2 lingurite coriandru tocat
- Un praf de piper negru

Instructiuni de folosire
1. Combinați dovleceii cu uleiul și alte ingrediente într-o tigaie, amestecați ușor, coaceți timp de 45 de minute la 400 de grade F, împărțiți între farfurii și serviți ca garnitură.

Nutriție: Calorii 167, grăsimi 7,4, fibre 4,9, carbohidrați 27,5, proteine 2,5

sparanghel cremat

Timp de preparare: 5 minute
Timp de preparare: 20 de minute
Porții: 4

Continut:
- ½ linguriță nucșoară, măcinată
- 1 kilogram de sparanghel, tăiat și tăiat la jumătate
- 1 cana crema de cocos
- 1 ceapa galbena, tocata
- 2 linguri ulei de masline
- 1 lingura suc de lamaie
- 1 lingura coriandru tocat

Instructiuni de folosire:
1. Se incinge o tigaie cu ulei la foc mediu, se adauga ceapa si nucsoara, se amesteca si se calesc 5 minute.
2. Adăugați sparanghelul și alte ingrediente, amestecați, aduceți la fierbere și gătiți timp de 15 minute la foc mediu.
3. Împărțiți și serviți pe farfurii.

Nutriție: Calorii 236, grăsimi 21,6, fibre 4,4, carbohidrați 11,4, proteine 4,2

Amestecul de nap și busuioc

Timp de preparare: 10 minute
Timp de preparare: 15 minute
Porții: 4

Continut:
- 1 lingura de ulei de avocado
- 4 napi, feliați
- ¼ cană busuioc tocat
- gust de piper negru
- ¼ cană suc de legume cu conținut scăzut de sodiu
- ½ ceasca de nuci tocate
- 2 catei de usturoi, tocati marunt

Instructiuni de folosire:
1. Se incinge o tigaie cu ulei la foc mediu-mare, se adauga usturoiul si napii si se fierbe 5 minute.
2. Adăugați ingredientele rămase, amestecați, gătiți încă 10 minute, împărțiți în farfurii și serviți.

Nutriție: Calorii 140, grăsimi 9,7, fibre 3,3, carbohidrați 10,5, proteine 5

Amestecul de orez și capere

Timp de preparare: 10 minute
Timp de preparare: 20 de minute
Porții: 4

Continut:
- 1 cană de orez alb
- 1 lingura capere, tocate
- 2 căni de supă de pui cu conținut scăzut de sodiu
- 1 ceapa rosie, tocata
- 1 lingura de ulei de avocado
- 1 lingura coriandru tocat
- 1 lingurita boia dulce

Instructiuni de folosire:
1. Se incinge o tigaie cu ulei la foc mediu-mare, se adauga ceapa, se amesteca si se caleste 5 minute.
2. Adăugați orezul, caperele și alte ingrediente, amestecați, aduceți la fierbere și gătiți timp de 15 minute.
3. Împărțiți amestecul în farfurii și serviți ca garnitură.

Nutriție: calorii 189, grăsimi 0,9, fibre 1,6, carbohidrați 40,2, proteine 4,3

Amestecul de spanac și varză

Timp de preparare: 5 minute
Timp de preparare: 15 minute
Porții: 4

Continut:
- 2 cesti baby spanac
- 5 căni de kale, mărunțită
- 2 salote, tocate
- 2 catei de usturoi, tocati marunt
- 1 cana rosii conservate, fara sare adaugata, tocate
- 1 lingura ulei de masline

Instructiuni de folosire:
1. Se încălzește o tigaie cu ulei la foc mediu-mare, se adaugă eșalota, se amestecă și se călește timp de 5 minute.
2. Adăugați spanacul, kale și alte ingrediente, amestecați, gătiți încă 10 minute, puneți pe farfurii și serviți ca garnitură.

Nutriție: Calorii 89, grăsimi 3,7, fibre 2,2, carbohidrați 12,4, proteine 3,6

Făină de ovăz cu unt de arahide

Timp de pregatire: 6 ore 10 minute

Timp de preparare: 0 minute
Porții: 1

Continut:
- 1 lingura de seminte de chia
- ½ cană lapte de migdale
- 2 linguri de unt de arahide natural
- 1 lingura stevia
- ½ cană de ovăz fără gluten
- 2 linguri zmeura

Instructiuni de folosire:
1. Într-un borcan, combinați ovăzul cu celelalte ingrediente, cu excepția semințelor de chia și zmeura, amestecați puțin, acoperiți și dați la frigider pentru 6 ore.
2. Se ornează cu zmeură și se servește la micul dejun.

Nutriție: Calorii 454, grăsimi 23,9, fibre 12, carbohidrați 50,9, proteine 14,6

scones cu nuci și fructe

Timp de preparare: 10 minute
Timp de gătire: 12 minute
Porții: 8

Continut:
- 2 cani de faina de migdale
- ½ linguriță praf de copt
- ¼ cană de afine, uscate
- ¼ cană semințe de floarea soarelui
- ¼ cană caise, tocate
- ¼ cana nuci tocate
- ¼ cană semințe de susan
- 2 linguri stevia
- 1 ou bătut

Instructiuni de folosire:
1. Într-un castron, combinați făina cu praful de copt, merisoarele și alte ingrediente și amestecați bine.
2. Se formează un aluat pătrat, se întinde pe o suprafață de lucru cu făină și se taie în 16 pătrate.
3. Puneți pătratele pe o foaie de copt tapetată cu pergament și coaceți brioșele la 350 de grade F timp de 12 minute.
4. Servește gogoșile la micul dejun.

Nutriție: Calorii 238, grăsimi 19,2, fibre 4,1, carbohidrați 8,6, proteine 8,8

Prajituri cu banane

Timp de preparare: 10 minute
Timp de preparare: 15 minute
Porții: 12

Continut:
- 1 cană ulei de migdale
- ¼ cană stevia
- 1 lingurita extract de vanilie
- 2 banane, curatate de coaja si piure
- 2 căni de ovăz fără gluten
- 1 lingurita scortisoara macinata
- 1 cana migdale tocate
- ½ cană stafide

Instructiuni de folosire:
1. Combinați untul cu stevia și alte ingrediente într-un castron și amestecați bine cu un blender de imersie.
2. Scoatem formele de dimensiuni medii ale acestui amestec pe o tava tapetata cu hartie de copt si aplatizeaza-le putin.
3. Coaceți la 325 de grade F timp de 15 minute și serviți la micul dejun.

Nutriție: Calorii 280, grăsimi 16, fibre 4, carbohidrați 29, proteine 8

sos de mere

Timp de preparare: 10 minute
Timp de preparare: 7 ore
Porții: 4

Continut:
- 2 mere, decojite, decojite și tăiate cubulețe
- 1 cană de ovăz fără gluten
- 1 cană și jumătate de apă
- 1 cană și jumătate de lapte de migdale
- 2 linguri piure de rosii
- 2 linguri ulei de migdale
- ½ linguriță de scorțișoară măcinată
- 1 lingura de seminte de in, macinate
- spray de gatit

Instructiuni de folosire:
1. Ungeți aragazul lent cu spray de gătit și combinați ovăzul cu apă și alte ingrediente.
2. Se adauga putin si se fierbe la foc mic timp de 7 ore.
3. Împărțiți în boluri și serviți la micul dejun.

Nutriție: calorii 149, grăsimi 3,6, fibre 3,9, carbohidrați 27,3, proteine 4,9

Briose cu afine

Timp de preparare: 10 minute
Timp de gătire: 25 minute
Porții: 12

Continut:
- 2 banane, curatate de coaja si piure
- 1 cană lapte de migdale
- 1 lingurita extract de vanilie
- ¼ cană sirop de arțar pur
- 1 lingurita otet de mere
- ¼ cană ulei de cocos, topit
- 2 cani de faina de migdale
- 4 linguri de zahăr de cocos
- 2 lingurite de scortisoara macinata
- 2 lingurite praf de copt
- 2 cani de afine
- ½ linguriță praf de copt
- ½ ceasca de nuci tocate

Instructiuni de folosire:
1. Într-un castron, combinați bananele cu laptele de migdale, vanilia și alte ingrediente și amestecați bine.
2. Împărțiți amestecul între 12 căni de brioșe și coaceți la 350 de grade F timp de 25 de minute.
3. Serviți brioșe la micul dejun.

Nutriție: Calorii 180, grăsimi 5, fibre 2, carbohidrați 31, proteine 4

crep de cocos

Timp de preparare: 10 minute
Timp de preparare: 6 minute
Porții: 12

Continut:
- 1 cană făină de migdale
- 1 lingura de seminte de in, macinate
- 2 cani de lapte de cocos
- 2 linguri ulei de cocos, topit
- 1 lingurita scortisoara macinata
- 2 lingurite stevia

Instructiuni de folosire:
1. Într-un bol, combinați făina cu semințele de in, laptele, jumătate din ulei, scorțișoara și stevia și amestecați bine.
2. Se încălzește o tigaie cu uleiul rămas la foc mediu, se adaugă ¼ de cană de aluat de clătite, se întinde peste tigaie, se fierbe 2-3 minute pe fiecare parte și se transferă pe o farfurie.
3. Repetați cu restul de aluat de clătite și serviți la micul dejun.

Nutriție: Calorii 71, grăsimi 3, fibre 1, carbohidrați 8, proteine 1

clătite cu afine

Timp de preparare: 10 minute
Timp de gătire: 7 minute
Porții: 12

Continut:
- 2 ouă, omletă
- 4 linguri de lapte de migdale
- 1 cană iaurt plin de grăsimi
- 3 linguri ulei de cocos, topit
- ½ linguriță extract de vanilie
- 1 cană și jumătate de făină de migdale
- 2 linguri stevia
- 1 cană afine
- 1 lingura de ulei de avocado

Instructiuni de folosire:
1. Combinați ouăle cu laptele de migdale și alte ingrediente, cu excepția uleiului, într-un bol și amestecați bine.
2. Se încălzește o tigaie la foc mediu, se adaugă ¼ de cană de aluat, se întinde peste tigaie, se gătește timp de 4 minute, se întoarce, se mai gătește încă 3 minute și se transferă pe o farfurie.
3. Repetați cu restul de aluat și serviți clătitele la micul dejun.

Nutriție: calorii 64, grăsimi 4,4, fibre 1,1, carbohidrați 4,7, proteine 1,8

desert de dovleac

Timp de preparare: 10 minute
Timp de preparare: 0 minute
Porții: 4

Continut:
- ¼ cană caju
- ½ cană de apă
- 2 lingurițe de condiment pentru plăcintă cu dovleac
- 2 cani de piure de dovleac
- 2 linguri sirop de artar
- 1 para, decojita, curatata si tocata
- 2 căni de iaurt de cocos

Instructiuni de folosire:
1. Combinați caju cu toate celelalte ingrediente, cu excepția apei și a iaurtului, într-un blender și amestecați bine.
2. Împărțiți iaurtul în boluri, întindeți crema de dovleac și serviți.

Nutriție: Calorii 200, grăsimi 6,4, fibre 5,1, carbohidrați 32,9, proteine 5,5

vafe de cartofi dulci

Timp de preparare: 10 minute
Timp de preparare: 10 minute
Porții: 6

Continut:
- ½ cană de cartof dulce, fiert, decojit și ras
- 1 cană lapte de migdale
- 1 cană de ovăz fără gluten
- 2 ouă, omletă
- 1 lingura de miere
- ¼ linguriță de praf de copt
- 1 lingura ulei de masline
- spray de gatit

Instructiuni de folosire:
1. Combinați cartofii dulci cu laptele de migdale și alte ingrediente, cu excepția spray-ului pentru gătit, într-un castron și amestecați bine.
2. Ungeți fierul de vafe cu spray de gătit și turnați 1/3 din aluat în fiecare tavă.
3. Prăjiți vafele timp de 3-4 minute și serviți-le la micul dejun.

Nutriție: calorii 352, grăsimi 22,4, fibre 6,7, carbohidrați 33,4, proteine 8,4

Pâine prăjită franceză

Timp de preparare: 10 minute
Timp de preparare: 5 minute
Porții: 2

Continut:
- 4 felii de pâine integrală
- 2 linguri de zahar de cocos
- ½ cană lapte de cocos
- 2 ouă, omletă
- 1 lingurita extract de vanilie
- spray de gatit

Instructiuni de folosire:
1. Combinați zahărul cu laptele, ouăle și vanilia într-un bol și amestecați bine.
2. Înmuiați fiecare felie de pâine în acest amestec.
3. Încinge o tigaie unsă cu spray de gătit la foc mediu, se adaugă cartofi prăjiți, se prăjește 2-3 minute pe fiecare parte, se împarte în farfurii și se servește la micul dejun.

Nutriție: Calorii 508, grăsimi 30,8, fibre 7,1, carbohidrați 55,1, proteine 16,2

pudră de cacao

Timp de preparare: 10 minute
Timp de preparare: 20 de minute
Porții: 4

Continut:
- 2 cani de lapte de migdale
- 1 cană de ovăz de modă veche
- 2 linguri de zahar de cocos
- 1 lingurita pudra de cacao
- 2 linguri extract de vanilie

Instructiuni de folosire:
1. Încingeți laptele într-o cratiță la foc mediu, adăugați ovăzul și alte ingrediente, aduceți la fiert și gătiți timp de 20 de minute.
2. Împărțiți fulgii de ovăz în boluri și serviți fierbinți la micul dejun.

Nutriție: Calorii 406, grăsimi 30, fibre 4,8, carbohidrați 30,2, proteine 6

fulgi de ovaz cu mango

Timp de preparare: 10 minute
Timp de preparare: 20 de minute
Porții: 4

Continut:
- 2 cani de lapte de cocos
- 1 cană de ovăz de modă veche
- 1 cană de mango, decojit și tăiat cubulețe
- 3 linguri ulei de migdale
- 2 linguri de zahar de cocos
- ½ linguriță extract de vanilie

Instructiuni de folosire:
1. Se pune laptele într-o cratiță, se încălzește la foc mediu, se adaugă ovăz și alte ingrediente, se amestecă, se aduce la fierbere și se fierbe timp de 20 de minute.
2. Adăugați ovăz, împărțiți în boluri și serviți.

Nutriție: Calorii 531, grăsimi 41,8, fibre 7,5, carbohidrați 42,7, proteine 9,3

Fulgi de ovaz cu cirese si pere

Timp de preparare: 10 minute
Timp de preparare: 10 minute
Porții: 6

Continut:
- 2 căni de ovăz de modă veche
- 3 cani de lapte de migdale
- 2 și ½ linguri de pudră de cacao
- 1 lingurita extract de vanilie
- 10 grame de cireșe, fără sâmburi
- 2 pere, fără miez, decojite și tăiate cubulețe

Instructiuni de folosire:
1. Combinați ovăzul cu laptele și alte ingrediente în oala sub presiune, amestecați, acoperiți și gătiți la foc mare timp de 10 minute.
2. Eliberați presiunea în mod natural timp de 10 minute, amestecați încă o dată ovăzul, împărțiți între boluri și serviți.

Nutriție: Calorii 477, grăsimi 30,7, fibre 8,3, carbohidrați 49,6, proteine 7

Boluri cu nuca si portocala

Timp de preparare: 10 minute
Timp de preparare: 20 de minute
Porții: 4

Continut:
- 1 cană de ovăz tăiat din oțel
- 2 pahare de suc de portocale
- 2 linguri ulei de cocos, topit
- 2 linguri stevia
- 3 linguri de nuci, tocate
- ¼ lingurita extract de vanilie

Instructiuni de folosire:
1. Se încălzește o oală cu suc de portocale la foc mediu, se adaugă ovăz, unt și alte ingrediente, se amestecă, se fierbe timp de 20 de minute, se împarte în boluri și se servește la micul dejun.

Nutriție: Calorii 288, grăsimi 39,1, fibre 3,4, carbohidrați 48,3, proteine 4,7

Piersici și smântână la cuptor

Timp de preparare: 10 minute
Timp de preparare: 20 de minute
Porții: 4

Continut:
- 2 cesti crema de cocos
- 1 lingurita scortisoara macinata
- 1/3 cană zahăr de palmier
- 4 piersici, fără miez și tăiate cubulețe
- spray de gatit

Instructiuni de folosire:
1. Ungeți o tavă de copt cu spray de gătit și combinați piersicile cu celelalte ingrediente.
2. Coaceți acest lucru la 360 de grade F timp de 20 de minute, împărțiți-l între boluri și serviți la micul dejun.

Nutriție: Calorii 338, grăsimi 29,2, fibre 4,9, carbohidrați 21, proteine 4,2

Boluri cu iaurt și mere

Timp de preparare: 10 minute
Timp de preparare: 15 minute
Porții: 4

Continut:
- 1 cană de ovăz tăiat din oțel
- 1 cană și jumătate de lapte de migdale
- 1 cană iaurt fără grăsimi
- ¼ cană sirop de arțar
- 2 mere, scoase, decojite si tocate
- ½ linguriță de scorțișoară măcinată

Instructiuni de folosire:
1. Combinați ovăzul și toate ingredientele, cu excepția iaurtului, într-o cratiță, amestecați, aduceți la fierbere și gătiți la foc mediu-mare timp de 15 minute.
2. Împărțiți iaurtul în boluri și întindeți deasupra amestecul de mere-ovăz și serviți la micul dejun.

Nutriție: Calorii 490, grăsimi 30,2, fibre 7,4, carbohidrați 53,9, proteine 7

Fulgi de ovaz cu mango si rodie

Timp de preparare: 10 minute
Timp de preparare: 20 de minute
Porții: 4

Continut:
- 3 cani de lapte de migdale
- 1 cană de ovăz tăiat din oțel
- 1 lingura scortisoara macinata
- 1 mango, decojit și tăiat cubulețe
- ½ linguriță extract de vanilie
- 3 linguri de seminţe de rodie

Instructiuni de folosire:
1. Pune laptele intr-o cratita si incinge-l la foc mediu.
2. Adăugați ovăz, scorțișoară și alte ingrediente, amestecați, gătiți timp de 20 de minute, împărțiți în boluri și serviți la micul dejun.

Nutriție: Calorii 568, grăsimi 44,6, fibre 7,5, carbohidrați 42,5, proteine 7,8

Chifle de rodie cu semințe de chia

Timp de preparare: 10 minute
Timp de preparare: 20 de minute
Porții: 4

Continut:
- ½ cană de ovăz tăiat din oțel
- 2 cani de lapte de migdale
- ¼ cană semințe de rodie
- 4 linguri de seminte de chia
- 1 lingurita extract de vanilie

Instructiuni de folosire:
1. Punem laptele intr-o cratita, dam la fiert la foc mediu, adaugam ovazul si celelalte ingrediente, aducem la fiert si fierbem 20 de minute.
2. Împărțiți amestecul în boluri și serviți la micul dejun.

Nutriție: Calorii 462, grăsimi 38, fibre 13,5, carbohidrați 27,1, proteine 8,8

Ouă și haș de morcovi

Timp de preparare: 10 minute
Timp de preparare: 20 de minute
Porții: 4

Continut:
- 2 morcovi, curatati si taiati cubulete
- 1 lingura ulei de masline
- 1 ceapa galbena, tocata
- 1 cană brânză cheddar cu conținut scăzut de grăsimi, rasă
- 8 ouă, omletă
- 1 cană lapte de cocos
- Un praf de sare si piper

Instructiuni de folosire:
1. Se incinge o tigaie cu ulei la foc mediu, se adauga ceapa si morcovii, se amesteca si se fierbe 5 minute.
2. Adăugați ouăle și alte ingrediente, amestecați, gătiți timp de 15 minute, amestecând des, împărțiți între farfurii și serviți.

Nutriție: Calorii 431, grăsimi 35,9, fibre 2,7, carbohidrați 10, proteine 20

omletă cu ardei

Timp de preparare: 10 minute
Timp de preparare: 15 minute
Porții: 4

Continut:
- 4 ouă, omletă
- Un praf de piper negru
- ¼ de cană de bacon cu conținut scăzut de sodiu, tocat
- 1 lingura ulei de masline
- 1 cana ardei gras rosu tocat
- 4 arpagic, tocat
- ½ cană brânză cu conținut scăzut de grăsimi, rasă

Instructiuni de folosire:
1. Se încălzește o tigaie cu ulei la foc mediu, se adaugă ceapa primăvară și ardeiul, se amestecă și se prăjește timp de 5 minute.
2. Adăugați ouăle și alte ingrediente, amestecați, întindeți în tigaie, gătiți 5 minute, răsturnați, gătiți încă 5 minute, împărțiți între farfurii și serviți.

Nutriție: Calorii 288, grăsimi 18, fibre 0,8, carbohidrați 4, proteine 13,4

frittata de patrunjel

Timp de preparare: 10 minute
Timp de preparare: 20 de minute
Porții: 4

Continut:
- Un praf de piper negru
- 4 ouă, omletă
- 2 linguri patrunjel tocat
- 1 lingură brânză cu conținut scăzut de grăsimi, rasă
- 1 ceapa rosie, tocata
- 1 lingura ulei de masline

Instructiuni de folosire:
1. Se incinge o tigaie la foc mediu, se adauga ceapa si boia, se amesteca si se calesc 5 minute.
2. Se adaugă omletă cu alte ingrediente, se întinde în tavă, se întoarce la cuptor și se coace la 360 de grade F timp de 15 minute.
3. Împărțiți frittata în farfurii și serviți.

Nutriție: calorii 112, grăsimi 8,5, fibre 0,7, carbohidrați 3,1, proteine 6,3

Ouă și anghinare la cuptor

Timp de preparare: 5 minute
Timp de preparare: 20 de minute
Porții: 4

Continut:
- 4 ouă
- 4 felii de brânză cheddar cu conținut scăzut de grăsimi, rasă
- 1 ceapa galbena, tocata
- 1 lingura de ulei de avocado
- 1 lingura coriandru tocat
- 1 cana de anghinare nesarata la conserva, scursa si tocata

Instructiuni de folosire:
1. Se ung cu ulei 4 tavi, se imparte ceapa in jumatate, se sparge un ou pe fiecare tava, se adauga anghinarea si se presara coriandru si branza cheddar.
2. Puneți ramekins în cuptor și coaceți la 380 de grade F timp de 20 de minute.
3. Serviți ouă omletă la micul dejun.

Nutriție: calorii 178, grăsimi 10,9, fibre 2,9, carbohidrați 8,4, proteine 14,2

Caserolă cu fasole și ouă

Timp de preparare: 10 minute
Timp de preparare: 30 minute
Porții: 8

Continut:
- 8 ouă, omletă
- 2 cepe roșii, tocate
- 1 ardei rosu, tocat
- 4 grame de fasole neagra conservata, fara sare adaugata, scursa si clatita
- ½ cană ceapă verde, tocată
- 1 cană de brânză mozzarella mărunțită cu conținut scăzut de grăsimi
- spray de gatit

Instructiuni de folosire:
1. Ungeți o tavă de copt cu spray de gătit și întindeți în tavă fasolea neagră, ceapa, ceapa și ardeiul.
2. Adăugați omletă cu brânză, puneți la cuptor și coaceți la 380 de grade F timp de 30 de minute.
3. Întindeți amestecul pe farfurii și serviți la micul dejun.

Nutriție: Calorii 140, grăsimi 4,7, fibre 3,4, carbohidrați 13,6, proteine 11,2

Scramble cu brânză cu turmeric

Timp de preparare: 10 minute
Timp de preparare: 15 minute
Porții: 4

Continut:
- 3 linguri de brânză mozzarella cu conținut scăzut de grăsimi, rasă
- Un praf de piper negru
- 4 ouă, omletă
- 1 ardei rosu, tocat
- 1 lingurita de pudra de turmeric
- 1 lingura ulei de masline
- 2 salote, tocate

Instructiuni de folosire:
1. Se incinge o tigaie cu ulei la foc mediu, se adauga salota si boia, se amesteca si se calesc 5 minute.
2. Adaugam ouale amestecate cu celelalte ingrediente, amestecam, fierbem 10 minute, impartim totul in farfurii si servim.

Nutriție: Calorii 138, grăsimi 8, fibre 1,3, carbohidrați 4,6, proteine 12

Hash Browns și Legume

Timp de preparare: 10 minute
Timp de preparare: 20 de minute
Porții: 4

Continut:
- 1 lingura ulei de masline
- 4 ouă, omletă
- 1 cană crochete de cartofi
- ½ cană brânză cheddar fără grăsimi, rasă
- 1 ceapa galbena mica, tocata
- Un praf de piper negru
- ½ ardei verde tocat
- ½ ardei roșu, tocat
- 1 morcov, tocat
- 1 lingura coriandru tocat

Instructiuni de folosire:
1. Se încălzește o tigaie cu ulei la foc mediu-mare, se adaugă ceapa și cartofii prăjiți și se fierbe timp de 5 minute.
2. Adăugați ardeii și morcovii și gătiți încă 5 minute.
3. Adăugați ouăle, ardeiul și brânza, amestecați și gătiți încă 10 minute.
4. Adăugați coriandru, amestecați, gătiți încă câteva secunde, împărțiți totul în farfurii și serviți la micul dejun.

Nutriție: Calorii 277, grăsimi 17,5, fibre 2,7, carbohidrați 19,9, proteine 11

Risotto cu bacon și arpagic

Timp de preparare: 10 minute
Timp de gătire: 25 minute
Porții: 4

Continut:
- 3 felii de bacon, sodiu redus, tocate
- 1 lingura de ulei de avocado
- 1 cană de orez alb
- 1 ceapa rosie, tocata
- 2 căni de supă de pui cu conținut scăzut de sodiu
- 2 linguri de parmezan cu conținut scăzut de grăsimi, ras
- 1 lingura arpagic, tocat
- Un praf de piper negru

Instructiuni de folosire:
1. Se incinge o tigaie cu ulei la foc mediu-mare, se adauga ceapa si baconul, se amesteca si se fierbe 5 minute.
2. Adăugați orezul și alte ingrediente, amestecați, aduceți la fierbere și gătiți timp de 20 de minute la foc mediu.
3. Se amestecă amestecul, se împarte în boluri și se servește la micul dejun.

Nutriție: Calorii 271, grăsimi 7,2, fibre 1,4, carbohidrați 40, proteine 9,9

Scorțișoară Fistic Quinoa

Timp de preparare: 5 minute
Timp de preparare: 10 minute
Porții: 4

Continut:
- 1 cană și jumătate de apă
- 1 lingurita scortisoara macinata
- 1 cană și jumătate de quinoa
- 1 cană lapte de migdale
- 1 lingura zahar de cocos
- ¼ cană alune, tocate

Instructiuni de folosire:
1. Intr-o cratita se pune apa si laptele de migdale, se da in clocot la foc mediu, se adauga quinoa si celelalte ingrediente, se bate, se gatesc 10 minute, se impart in boluri, se racesc si se servesc la micul dejun.

Nutriție: calorii 222, grăsimi 16,7, fibre 2,5, carbohidrați 16,3, proteine 3,9

amestec de iaurt cu cireșe

Timp de preparare: 10 minute
Timp de preparare: 0 minute
Porții: 4

Continut:
- 4 căni de iaurt fără grăsimi
- 1 cană cireșe, fără sâmburi și tăiate la jumătate
- 4 linguri de zahăr de cocos
- ½ linguriță extract de vanilie

Instructiuni de folosire:
1. Amesteca intr-un bol iaurtul cu visine, zahar si vanilie si lasa la frigider 10 minute.
2. Împărțiți în boluri și serviți la micul dejun.

Nutriție: calorii 145, grăsimi 0, fibre 0,1, carbohidrați 29, proteine 2,3

Amestecul de prune și nucă de cocos

Timp de preparare: 10 minute
Timp de preparare: 15 minute
Porții: 4

Continut:
- 4 prune, scobite și tăiate la jumătate
- 3 linguri ulei de cocos, topit
- ½ linguriță de scorțișoară măcinată
- 1 cana crema de cocos
- ¼ cană nucă de cocos neîndulcită, mărunțită
- 2 linguri de seminte de floarea soarelui, prajite

Instructiuni de folosire:
1. Combinați prunele cu ulei, scorțișoară și alte ingrediente pe o foaie de copt, puneți la cuptor și coaceți la 380 de grade F timp de 15 minute.
2. Împărțiți totul în boluri și serviți.

Nutriție: Calorii 282, grăsimi 27,1, fibre 2,8, carbohidrați 12,4, proteine 2,3

iaurt cu mere

Timp de preparare: 10 minute
Timp de preparare: 0 minute
Porții: 4

Continut:
- 6 mere, fără miez și piure
- 1 pahar de suc natural de mere
- 2 linguri de zahar de cocos
- 2 căni de iaurt fără grăsimi
- 1 lingurita scortisoara macinata

Instructiuni de folosire:
1. Combină merele cu sucul de mere și alte ingrediente într-un castron, amestecă, împarte în boluri și dai la rece timp de 10 minute înainte de a le servi.

Nutriție: Calorii 289, grăsimi 0,6, fibre 8,7, carbohidrați 68,5, proteine 3,9

Boluri cu fulgi de ovaz cu capsuni

Timp de preparare: 10 minute
Timp de preparare: 20 de minute
Porții: 4

Continut:
- 1 și ½ cană de ovăz fără gluten
- 2 și ¼ căni de lapte de migdale
- ½ linguriță extract de vanilie
- 2 cani de capsuni, feliate
- 2 linguri de zahar de cocos

Instructiuni de folosire:
1. Puneți laptele într-o cratiță, aduceți la fierbere la foc mediu, adăugați ovăz și alte ingrediente, amestecați, gătiți timp de 20 de minute, împărțiți între boluri și serviți la micul dejun.

Nutriție: calorii 216, grăsimi 1,5, fibre 3,4, carbohidrați 39,5, proteine 10,4

Amestecul de arțar și piersici

Timp de preparare: 10 minute
Timp de preparare: 15 minute
Porții: 4

Continut:
- 4 piersici, fără miez și tăiate cubulețe
- ¼ cană sirop de arțar
- ¼ linguriță extract de migdale
- ½ cană lapte de migdale

Instructiuni de folosire:
1. Se pune laptele de migdale intr-o cratita, se aduce la fierbere la foc mediu, se adauga piersicile si alte ingrediente, se amesteca, se fierbe 15 minute, se imparte intre boluri si se serveste la micul dejun.

Nutriție: Calorii 180, grăsimi 7,6, fibre 3, carbohidrați 28,9, proteine 2,1

Orez cu scorțișoară și curmale

Timp de preparare: 10 minute
Timp de preparare: 20 de minute
Porții: 4

Continut:
- 1 cană de orez alb
- 2 cani de lapte de migdale
- 4 curmale, tocate
- 2 linguri scortisoara macinata
- 2 linguri de zahar de cocos

Instructiuni de folosire:
1. Se amestecă orezul cu laptele și alte ingrediente într-o cratiță, se aduce la fierbere și se fierbe timp de 20 de minute la foc mediu.
2. Se amestecă din nou amestecul, se împarte în boluri și se servește la micul dejun.

Nutriție: Calorii 516, grăsimi 29, fibre 3,9, carbohidrați 59,4, proteine 6,8

Iaurt de smochine, pere și rodii

Timp de preparare: 10 minute
Timp de preparare: 0 minute
Porții: 4

Continut:
- 1 cană smochine, tăiate la jumătate
- 1 pară, fără miez și tăiată cubulețe
- ½ cană semințe de rodie
- ½ cană zahăr de cocos
- 2 căni de iaurt fără grăsimi

Instructiuni de folosire:
1. Într-un castron, combinați smochinele cu iaurt și alte ingrediente, amestecați, împărțiți în boluri și serviți la micul dejun.

Nutriție: calorii 223, grăsimi 0,5, fibre 6,1, carbohidrați 52, proteine 4,5

Terci de nucsoara si capsuni

Timp de preparare: 10 minute
Timp de preparare: 20 de minute
Porții: 4

Continut:
- 4 cani de lapte de cocos
- 1 cană făină de porumb
- 1 lingurita extract de vanilie
- 1 cană căpșuni, tăiate la jumătate
- ½ linguriță nucșoară, măcinată

Instructiuni de folosire:
1. Pune laptele într-o cratiță, aduce la fierbere la foc mediu, adaugă făina de porumb şi alte ingrediente, amestecă, fierbe 20 de minute şi ia de pe foc.
2. Împărțiți terciul în farfurii şi serviți la micul dejun.

Nutriție: Calorii 678, grăsimi 58,5, fibre 8,3, carbohidrați 39,8, proteine 8,2

Crem de orez și căpșuni

Timp de preparare: 10 minute
Timp de preparare: 20 de minute
Porții: 4

Continut:
- 1 cană de orez brun
- 2 cani de lapte de cocos
- 1 lingura scortisoara macinata
- 1 cană mure
- ½ cana crema de cocos, neindulcita

Instructiuni de folosire:
1. Pune laptele într-o cratiță, aduce la fierbere la foc mediu, adaugă orezul și alte ingrediente, gătește timp de 20 de minute și împarte în boluri.
2. Servit cald la micul dejun.

Nutriție: Calorii 469, grăsimi 30,1, fibre 6,5, carbohidrați 47,4, proteine 7

Orez cu vanilie și nucă de cocos

Timp de preparare: 10 minute
Timp de preparare: 20 de minute
Porții: 6

Continut:
- 2 cani de lapte de cocos
- 1 cană de orez basmati
- 2 linguri de zahar de cocos
- ¾ cană cremă de cocos
- 1 lingurita extract de vanilie

Instructiuni de folosire:
1. Combinați laptele cu orezul și alte ingrediente într-o cratiță, amestecați, aduceți la fierbere și gătiți timp de 20 de minute la foc mediu.
2. Se amestecă din nou amestecul, se împarte în boluri și se servește la micul dejun.

Nutriție: calorii 462, grăsimi 25,3, fibre 2,2, carbohidrați 55,2, proteine 4,8

Orez cu nucă de cocos și cireșe

Timp de preparare: 10 minute
Timp de gătire: 25 minute
Porții: 4

Conținut:
- 1 lingura nucsoara, rasa
- 2 linguri de zahar de cocos
- 1 cană de orez alb
- 2 cani de lapte de cocos
- ½ linguriță extract de vanilie
- ¼ cană cireșe, fără sâmburi și tăiate la jumătate
- spray de gatit

Instructiuni de folosire:
1. Intr-o cratita se pune laptele, se adauga zaharul si nucsoara, se amesteca si se aduce la fierbere la foc mediu.
2. Adăugați orez și alte ingrediente, gătiți timp de 25 de minute, amestecând des, împărțiți între boluri și serviți.

Nutriție: Calorii 505, grăsimi 29,5, fibre 3,4, carbohidrați 55,7, proteine 6,6

Amestecul de orez cu ghimbir

Timp de preparare: 10 minute
Timp de gătire: 25 minute
Porții: 4

Continut:
- 1 cană de orez alb
- 2 cani de lapte de migdale
- 1 lingura de ghimbir, ras
- 3 linguri de zahar de cocos
- 1 lingurita scortisoara macinata

Instructiuni de folosire:
1. Punem laptele într-o craticioara, dam la fiert la foc mediu, adaugam orezul si celelalte ingrediente, amestecam, fierbem 25 de minute, impartim in boluri si servim.

Nutriție: Calorii 449, grăsimi 29, fibre 3,4, carbohidrați 44,6, proteine 6,2

Caserolă de cârnați cu ardei

Timp de preparare: 10 minute
Timp de gătire: 35 minute
Porții: 4

Continut:
- 1 kilogram de hash browns
- 4 ouă, omletă
- 1 ceapa rosie, tocata
- 1 ardei iute, tocat
- 1 lingura ulei de masline
- 6 uncii cârnați cu conținut scăzut de sodiu, tocat
- ¼ lingurita boia
- Un praf de piper negru

Instructiuni de folosire:
1. Se incinge o tigaie cu ulei la foc mediu, se adauga ceapa si carnatii, se amesteca si se fierbe 5 minute.
2. Adăugați brânza cheddar și celelalte ingrediente, cu excepția oului și a ardeiului, amestecați și gătiți încă 5 minute.
3. Turnați ouăle omletă cu piper peste amestecul de cârnați, întoarceți tava la cuptor și coaceți la 370 de grade F timp de 25 de minute.
4. Întindeți amestecul pe farfurii și serviți micul dejun,

Nutriție: Calorii 527, grăsimi 31,3, fibre 3,8, carbohidrați 51,2, proteine 13,3

Biluțe de orez cu ciuperci

Timp de preparare: 10 minute
Timp de preparare: 30 minute
Porții: 4

Continut:
- 1 ceapa rosie, tocata
- 1 cană de orez alb
- 2 catei de usturoi, tocati marunt
- 2 linguri ulei de masline
- 2 căni de supă de pui cu conținut scăzut de sodiu
- 1 lingura coriandru tocat
- ½ cană brânză cheddar fără grăsimi, rasă
- ½ kg de ciuperci albe, feliate
- Din nou piper după gust

Instructiuni de folosire:
1. Se incinge uleiul intr-o tigaie la foc mediu, se adauga ceapa, usturoiul si ciupercile, se amesteca si se prajesc 5-6 minute.
2. Adăugați orezul și alte ingrediente, aduceți la fiert și gătiți timp de 25 de minute la foc mediu, amestecând din când în când.
3. Împărțiți amestecul de orez în boluri și serviți la micul dejun.

Nutriție: calorii 314, grăsimi 12,2, fibre 1,8, carbohidrați 42,1, proteine 9,5

Ouă cu roșii și spanac

Timp de preparare: 10 minute
Timp de preparare: 20 de minute
Porții: 4

Continut:
- ½ cană lapte degresat
- gust de piper negru
- 8 ouă, omletă
- 1 cană baby spanac, tocat
- 1 ceapa galbena, tocata
- 1 lingura ulei de masline
- 1 cană de roșii cherry, tăiate cubulețe
- ¼ cană brânză cheddar fără grăsimi, mărunțită

Instructiuni de folosire:
1. Se incinge o tigaie cu ulei la foc mediu, se adauga ceapa, se amesteca si se caleste 2-3 minute.
2. Adăugați spanacul și roșiile, amestecați și gătiți încă 2 minute.
3. Adăugați ouăle omletă cu lapte și piper negru și bateți ușor.
4. Stropiți cu brânză cheddar, puneți tava la cuptor și coaceți la 390 de grade F timp de 15 minute.
5. Împărțiți și serviți pe farfurii.

Nutriție: Calorii 195, grăsimi 13, fibre 1,3, carbohidrați 6,8, proteine 13,7

omletă cu susan

Timp de preparare: 5 minute
Timp de preparare: 15 minute
Porții: 4

Continut:
- 4 ouă, omletă
- Un praf de piper negru
- 1 lingura ulei de masline
- 1 lingurita de seminte de susan
- 2 arpagic, tocat
- 1 lingurita boia dulce
- 1 lingura coriandru tocat

Instructiuni de folosire:
1. Se incinge o tigaie cu ulei la foc mediu, se adauga ceapa verde, se amesteca si se calesc 2 minute.
2. Se adauga ouale amestecate cu alte ingrediente, se bate putin, se intinde tortilla in tigaie si se fierbe 7 minute.
3. Întoarceți, gătiți tortilla încă 6 minute, împărțiți-le în farfurii și serviți.

Nutriție: calorii 101, grăsimi 8,3, fibre 0,5, carbohidrați 1,4, proteine 5,9

Terci de dovleac

Timp de preparare: 5 minute
Timp de preparare: 20 de minute
Porții: 4

Continut:
- 1 cană de ovăz tăiat din oțel
- 3 cani de lapte de migdale
- 1 lingură unt fără grăsimi
- 2 lingurite de scortisoara macinata
- 1 lingurita de condiment pentru desert de dovleac
- 1 cană de dovlecel, măruntțit

Instructiuni de folosire:
1. Se încălzește o tigaie cu lapte la foc mediu, se adaugă ovăz și alte ingrediente, se amestecă, se aduce la fierbere și se fierbe timp de 20 de minute, amestecând din când în când.
2. Împărțiți ovăzul în boluri și serviți la micul dejun.

Nutriție: Calorii 508, grăsimi 44,5, fibre 6,7, carbohidrați 27,2, proteine 7,5

Chiflă cu nucă de cocos și migdale

Timp de preparare: 5 minute
Timp de preparare: 20 de minute
Porții: 4

Continut:
- 2 cani de lapte de cocos
- 1 cană nucă de cocos, mărunțită
- ½ cană sirop de arțar
- 1 cană stafide
- 1 cană migdale
- ½ linguriță extract de vanilie

Instructiuni de folosire:
1. Punem laptele intr-o cratita, dam la fiert la foc mediu, adaugam nuca de cocos si alte ingrediente si gatim 20 de minute, amestecand din cand in cand.
2. Împărțiți amestecul în boluri și serviți cald la micul dejun.

Nutriție:Calorii 697, grăsimi 47,4, fibre 8,8, carbohidrați 70, proteine 9,6

salată caldă de năut

Timp de preparare: 5 minute
Timp de preparare: 15 minute
Porții: 4

Continut:
- 2 catei de usturoi, tocati marunt
- 2 roșii, tăiate cubulețe
- 1 castravete, taiat cubulete
- 2 salote, tocate
- 2 cani de naut la conserva, nesarat, scurs
- 1 lingura patrunjel tocat
- 1/3 cana menta, tocata
- 1 avocado, scobit, decojit și tocat
- 2 linguri ulei de masline
- Suc de 1 lime
- gust de piper negru

Instructiuni de folosire:
1. Se incinge o tigaie cu ulei la foc mediu, se adauga usturoiul si salota, se amesteca si se fierbe 2 minute.
2. Adăugați năutul și alte ingrediente, amestecați, gătiți încă 13 minute, împărțiți între boluri și serviți la micul dejun.

Nutriție: Calorii 561, grăsimi 23,1, fibre 22,4, carbohidrați 73,1, proteine 21,8

Budinca de cacao si mei

Timp de preparare: 10 minute
Timp de preparare: 30 minute
Porții: 4

Continut:
- 14 grame de lapte de cocos
- 1 cană de mei
- 1 lingura de pudra de cacao
- ½ linguriță extract de vanilie

Instructiuni de folosire:
1. Puneți laptele într-o cratiță, aduceți la fiert la foc mediu, adăugați meiul și alte ingrediente și gătiți timp de 30 de minute, amestecând des.
2. Împărțiți în boluri și serviți la micul dejun.

Nutriție: Calorii 422, grăsimi 25,9, fibre 6,8, carbohidrați 42,7, proteine 8

budincă de chia

Timp de preparare: 15 minute
Timp de preparare: 0 minute
Porții: 4

Continut:
- 2 cani de lapte de migdale
- ½ cană semințe de chia
- 2 linguri de zahar de cocos
- coaja de ½ lămâie, rasă
- 1 lingurita extract de vanilie
- ½ linguriță pudră de ghimbir

Instructiuni de folosire:
1. Amestecați semințele de chia cu laptele și alte ingrediente într-un bol și lăsați timp de 15 minute înainte de servire.

Nutriție: calorii 366, grăsimi 30,8, fibre 5,5, carbohidrați 20,8, proteine 4,6

budincă de tapioca

Timp de preparare: 2 ore
Timp de preparare: 0 minute
Porții: 4

Continut:
- ½ cană perle de tapioca
- 2 căni de lapte de cocos, cald
- 4 lingurite de zahar de cocos
- ½ linguriță de scorțișoară măcinată

Instructiuni de folosire:
1. Combinați tapioca cu laptele cald și alte ingrediente într-un bol, amestecați și lăsați să se odihnească timp de 2 ore înainte de servire.
2. Împărțiți în boluri mici și serviți la micul dejun.

Nutriție: Calorii 439, grăsimi 28,6, fibre 2,8, carbohidrați 42,5, proteine 3,8

amestec de brânză cheddar

Timp de preparare: 10 minute
Timp de gătire: 25 minute
Porții: 4

Continut:
- 1 kilogram de hash browns
- 1 lingura de ulei de avocado
- 1/3 cana crema de cocos
- 1 ceapa galbena, tocata
- 1 cană brânză cheddar fără grăsimi, rasă
- gust de piper negru
- 4 ouă, omletă

Instructiuni de folosire:
1. Se incinge o tigaie cu ulei la foc mediu, se adauga morcovii si ceapa, se amesteca si se calesc 5 minute.
2. Adăugați alte ingrediente, cu excepția brânzei, amestecați și gătiți încă 5 minute.
3. Presărați brânză deasupra, întoarceți tava la cuptor și coaceți la 390 de grade F timp de 15 minute.
4. Întindeți amestecul pe farfurii și serviți la micul dejun.

Nutriție: Calorii 539, grăsimi 33,2, fibre 4,8, carbohidrați 44,4, proteine 16,8

Salată de mazăre

Timp de preparare: 10 minute
Timp de preparare: 20 de minute
Porții: 4

Continut:
- 3 catei de usturoi, tocati marunt
- 1 ceapa galbena, tocata
- 1 lingura ulei de masline
- 1 morcov, tocat
- 1 lingura otet balsamic
- 2 căni de mazăre de zăpadă, tăiată în jumătate
- ½ cană bulion de legume, fără sare
- 2 linguri de arpagic, tocat
- 1 lingura coriandru tocat

Instructiuni de folosire:
1. Se incinge o tigaie la foc mediu, se adauga ceapa si usturoiul, se amesteca si se fierbe 5 minute.
2. Adăugați mazărea și alte ingrediente și gătiți la foc mediu timp de 15 minute.
3. Împărțiți amestecul în boluri și serviți cald la micul dejun.

Nutriție: Calorii 89, grăsimi 4,2, fibre 3,3, carbohidrați 11,2, proteine 3,3

Amestec de quinoa si naut

Timp de preparare: 10 minute
Timp de preparare: 20 de minute
Porții: 6

Continut:
- 1 ceapa rosie, tocata
- 1 lingura ulei de masline
- 15 grame de năut la conserva, fără sare adăugată și scurs
- 14 grame de lapte de cocos
- ¼ cană quinoa
- 1 lingura de ghimbir, ras
- 2 catei de usturoi, tocati marunt
- 1 lingură de pudră de turmeric
- 1 lingura coriandru tocat

Instructiuni de folosire:
1. Se incinge o tigaie cu ulei la foc mediu, se adauga ceapa, se amesteca si se caleste 5 minute.
2. Adăugați năutul, quinoa și alte ingrediente, amestecați, aduceți la fierbere și gătiți timp de 15 minute.
3. Împărțiți amestecul în boluri și serviți la micul dejun.

Nutriție: Calorii 472, grăsimi 23, fibre 15,1, carbohidrați 54,6, proteine 16,6

Salata de masline si ardei

Timp de preparare: 5 minute
Timp de preparare: 15 minute
Porții: 4

Continut:
- 1 cană măsline negre, fără sâmburi și tăiate la jumătate
- ½ cană măsline verzi, fără sâmburi și tăiate la jumătate
- 1 lingura ulei de masline
- 2 arpagic, tocat
- 1 ardei gras rosu, taiat fasii
- 1 ardei gras verde, taiat fasii
- 1 coaja de lamaie, rasa
- Suc de 1 lime
- 1 legatura de patrunjel tocat
- 1 rosie, tocata

Instructiuni de folosire:
1. Se incinge o tigaie cu ulei la foc mediu, se adauga ceapa verde, se amesteca si se calesc 2 minute.
2. Adăugați măsline, boia de ardei și alte ingrediente, amestecați și gătiți încă 13 minute.
3. Împărțiți în boluri și serviți la micul dejun.

Nutriție: calorii 192, grăsimi 6,7, fibre 3,3, carbohidrați 9,3, proteine 3,5

Fasole verde și amestec de ouă

Timp de preparare: 10 minute
Timp de preparare: 15 minute
Porții: 4

Continut:
- 1 catel de usturoi, tocat marunt
- 1 ceapa rosie, tocata
- 1 lingura de ulei de avocado
- 1 kilogram de fasole verde, tăiată și tăiată la jumătate
- 8 ouă, omletă
- 1 lingura coriandru tocat
- Un praf de piper negru

Instructiuni de folosire:
1. Se incinge o tigaie cu ulei la foc mediu, se adauga ceapa si usturoiul si se calesc 2 minute.
2. Adăugați fasolea verde și gătiți încă 2 minute.
3. Se adauga ouale, piperul si coriandru, se amesteca, se intinde in tigaie si se fierbe la foc mic timp de 10 minute.
4. Împărțiți amestecul în farfurii și serviți.

Nutriție: Calorii 260, grăsimi 12,1, fibre 4,7, carbohidrați 19,4, proteine 3,6

Salată de morcovi și ouă

Timp de preparare: 10 minute
Timp de preparare: 0 minute
Porții: 4

Continut:
- 2 morcovi, tăiați cubulețe
- 2 cepe verde, tocate
- 1 legatura de patrunjel tocat
- 2 linguri ulei de masline
- 4 oua fierte tari, curatate de coaja si taiate cubulete
- 1 lingura otet balsamic
- 1 lingura arpagic, tocat
- Un praf de piper negru

Instructiuni de folosire:
1. Se amestecă morcovii cu ouăle și alte ingrediente într-un bol și se servește la micul dejun.

Nutriție: Calorii 251, grăsimi 9,6, fibre 4,1, carbohidrați 15,2, proteine 3,5

Fructe cremoase

Timp de preparare: 5 minute
Timp de preparare: 15 minute
Porții: 4

Continut:
- 3 linguri de zahar de cocos
- 1 cana crema de cocos
- 1 cană afine
- 1 cană mure
- 1 cană căpșuni
- 1 lingurita extract de vanilie

Instructiuni de folosire:
1. Se pune smantana intr-o cratita, se incinge la foc mediu, se adauga zaharul si celelalte ingrediente, se amesteca, se fierbe 15 minute, se imparte intre boluri si se serveste la micul dejun.

Nutriție: calorii 460, grăsimi 16,7, fibre 6,5, carbohidrați 40,3, proteine 5,7

Chifle cu mere și stafide

Timp de preparare: 5 minute
Timp de preparare: 15 minute
Porții: 4

Continut:
- 1 cană afine
- 1 lingurita scortisoara macinata
- 1 cană și jumătate de lapte de migdale
- ¼ cană stafide
- 2 mere, decojite, decojite și tăiate cubulețe
- 1 cana crema de cocos

Instructiuni de folosire:
1. Se pune laptele într-o cratiță, se aduce la fierbere la foc mediu, se adaugă căpșuni și alte ingrediente, se amestecă, se fierbe timp de 15 minute, se împarte între boluri și se servește la micul dejun.

Nutriție: calorii 482, grăsimi 7,8, fibre 5,6, carbohidrați 15,9, proteine 4,9

Terci de hrișcă cu ghimbir

Timp de preparare: 10 minute
Timp de gătire: 25 minute
Porții: 4

Continut:
- 1 cană de hrișcă
- 3 cani de lapte de cocos
- ½ linguriță extract de vanilie
- 1 lingura zahar de cocos
- 1 linguriță pudră de ghimbir
- 1 lingurita scortisoara macinata

Instructiuni de folosire:
1. Puneți laptele și zahărul într-o cratiță, aduceți la fierbere la foc mediu, adăugați hrișcă și alte ingrediente, gătiți timp de 25 de minute, amestecați des, împărțiți în boluri și serviți la micul dejun.

Nutriție: calorii 482, grăsimi 14,9, fibre 4,5, carbohidrați 56,3, proteine 7,5

Salata de conopida si ardei

Timp de preparare: 10 minute
Timp de preparare: 20 de minute
Porții: 4

Continut:
- 1 kg de buchețe de conopidă
- 1 lingura ulei de masline
- 2 arpagic, tocat
- 1 ardei rosu, feliat
- 1 ardei gras galben, feliat
- 1 ardei verde, feliat
- 1 lingura coriandru tocat
- Un praf de piper negru

Instructiuni de folosire:
1. Se incinge o tigaie cu ulei la foc mediu, se adauga ceapa, se amesteca si se caleste 2 minute.
2. Adăugați conopida și alte ingrediente, amestecați, gătiți timp de 16 minute, împărțiți în boluri și serviți la micul dejun.

Nutriție: Calorii 271, grăsimi 11,2, fibre 3,4, carbohidrați 11,5, proteine 4

Crochete de pui și cartofi

Timp de preparare: 10 minute
Timp de gătire: 25 minute
Porții: 4

Continut:
- 2 linguri ulei de masline
- 1 ceapa galbena, tocata
- 2 catei de usturoi, tocati marunt
- 1 lingurita condiment cajun
- 8 grame de piept de pui, fara piele, oase si macinat
- ½ kilogram de hash browns
- 2 linguri bulion de legume, fara sare
- 1 ardei gras verde, tocat

Instructiuni de folosire:
1. Se incinge uleiul intr-o tigaie la foc mediu, se adauga ceapa, usturoiul si carnea si se calesc 5 minute.
2. Adăugați porumbul fiert și celelalte ingrediente, amestecați și gătiți la foc mediu timp de 20 de minute, amestecând des.
3. Împărțiți în farfurii și serviți la micul dejun.

Nutriție: Calorii 362, grăsimi 14,3, fibre 6,3, carbohidrați 25,6, proteine 6,1

Rețete de prânz Dash Diet

Burritos cu fasole neagră

Timp de preparare: 5 minute
Timp de gătire: 12 minute
Porții: 4

Continut:
- 1 cană de fasole neagră conservată, fără sare adăugată, scursă și clătită
- 1 ardei gras verde, tocat
- 1 morcov, decojit și ras
- 1 lingura ulei de masline
- 1 ceapa rosie, taiata felii
- ½ cană de porumb
- 1 cană brânză cheddar cu conținut scăzut de grăsimi, rasă
- 6 pâini integrale
- 1 cană iaurt fără grăsimi

Instructiuni de folosire:
1. Se incinge o tigaie cu ulei la foc mediu, se adauga ceapa si se caleste 2 minute.
2. Adăugați fasolea, morcovii, ardeii și porumbul, amestecați și gătiți încă 10 minute.
3. Aranjați tortilla pe o suprafață de lucru, împărțiți amestecul de fasole pe fiecare, împărțiți și brânza și iaurtul, rulați și serviți la prânz.

Nutriție: calorii 451, grăsimi 7,5, fibre 13,8, carbohidrați 78,2, proteine 20,9

Mix de pui mango

Timp de preparare: 10 minute
Timp de preparare: 20 de minute
Porții: 4

Continut:
- 2 piept de pui, fara piele, dezosat si taiat cubulete
- ¼ cană supă de pui cu conținut scăzut de sodiu
- ½ cană de țelină, tocată
- 1 cană baby spanac
- 1 mango, decojit și tăiat cubulețe
- 2 arpagic, tocat
- 1 lingura ulei de masline
- 1 lingurita de cimbru, uscat
- ¼ linguriță de usturoi pudră
- Un praf de piper negru

Instructiuni de folosire:
1. Se incinge o tigaie cu ulei la foc mediu-mare, se adauga ceapa primavara si puiul si se fierbe 5 minute.
2. Adăugați alte ingrediente, cu excepția țelinei și spanacul, amestecați și gătiți încă 12 minute.
3. Adăugați spanacul, amestecați, gătiți 2-3 minute, împărțiți în farfurii și serviți.

Nutriție: Calorii 221, grăsimi 9,1, fibre 2, carbohidrați 14,1, proteine 21,5

plăcintă cu năut

Timp de preparare: 10 minute
Timp de preparare: 10 minute
Porții: 4

Continut:
- 2 catei de usturoi, tocati marunt
- 15 grame de năut la conserva, fără sare adăugată, scurs și clătit
- 1 lingurita boia
- 1 lingurita chimen, macinat
- 1 ou
- 1 lingura ulei de masline
- 1 lingura suc de lamaie
- 1 lingura coaja de lamaie, rasa
- 1 lingura coriandru tocat

Instructiuni de folosire:
1. Combinați năutul cu celelalte ingrediente, cu excepția usturoiului și oului, într-un blender și amestecați bine.
2. Formați prăjituri de mărime medie cu acest amestec.
3. Se încălzește o tigaie la foc mediu-mare, se adaugă brioșele cu năut, se gătesc 5 minute pe fiecare parte, se împart în farfurii și se servesc cu o salată de prânz.

Nutriție: Calorii 441, grăsimi 11,3, fibre 19, carbohidrați 66,4, proteine 22,2

Boluri cu salsa și conopidă

Timp de preparare: 10 minute
Timp de preparare: 10 minute
Porții: 4

Continut:
- 1 lingura de ulei de avocado
- 1 cană ardei gras roșu, tăiat cubulețe
- 1 kg de buchețe de conopidă
- 1 ceapa rosie, tocata
- 3 linguri de sos
- 2 linguri de brânză cheddar cu conținut scăzut de grăsimi, rasă
- 2 linguri de crema de cocos

Instructiuni de folosire:
1. Se incinge o tigaie cu ulei la foc mediu-mare, se adauga ceapa si boia si se prajesc 2 minute.
2. Adăugați conopida și alte ingrediente, amestecați, gătiți încă 8 minute, împărțiți între boluri și serviți.

Nutriție: calorii 114, grăsimi 5,5, fibre 4,3, carbohidrați 12,7, proteine 6,7

Salata de somon si spanac

Timp de preparare: 5 minute
Timp de preparare: 0 minute
Porții: 4

Continut:
- 1 cană somon conservat, scurs și tăiat cubulețe
- 1 lingura coaja de lamaie, rasa
- 1 lingura suc de lamaie
- 3 linguri de iaurt fără grăsimi
- 1 cană baby spanac
- 1 lingurita capere, scurse si tocate
- 1 ceapa rosie, tocata
- Un praf de piper negru
- 1 lingura arpagic, tocat

Instructiuni de folosire:
1. Într-un castron, amestecați somonul cu coaja de lămâie, sucul de lămâie și alte ingrediente, amestecați și serviți rece la prânz.

Nutriție: calorii 61, grăsimi 1,9, fibre 1, carbohidrați 5, proteine 6,8

Amestecul de pui și varză

Timp de preparare: 10 minute
Timp de preparare: 20 de minute
Porții: 4

Continut:
- 1 lingura ulei de masline
- 1 kg piept de pui, fără piele, dezosat și tăiat cubulețe
- ½ kilogram de varză, mărunțită
- 2 roșii cherry, tăiate la jumătate
- 1 ceapa galbena, tocata
- ½ cană supă de pui cu conținut scăzut de sodiu
- ¼ cană brânză mozzarella mărunțită cu conținut scăzut de grăsimi

Instructiuni de folosire:
1. Se incinge o tigaie cu ulei la foc mediu, se adauga puiul si ceapa si se calesc 5 minute.
2. Adăugați alte ingrediente, cu excepția kalei și mozzarella, amestecați și gătiți încă 12 minute.
3. Presărați brânză deasupra, gătiți amestecul timp de 2-3 minute, împărțiți-le în farfurii și serviți la prânz.

Nutriție: calorii 231, grăsimi 6,5, fibre 2,7, carbohidrați 11,4, proteine 30,9

Salată cu somon și rucola

Timp de preparare: 10 minute
Timp de preparare: 0 minute
Porții: 4

Continut:
- 6 grame de somon la conserva, scurs si taiat cubulete
- 1 lingura otet balsamic
- 1 lingura ulei de masline
- 2 salote, tocate
- ½ cană măsline negre, fără sâmburi și tăiate la jumătate
- 2 căni de rucola fragedă
- Un praf de piper negru

Instructiuni de folosire:
1. Combinați somonul cu eșalota și alte ingrediente într-un castron, lăsați-l la rece timp de 10 minute înainte de a servi la prânz.

Nutriție: calorii 113, grăsimi 8, fibre 0,7, carbohidrați 2,3, proteine 8,8

Salată de creveți și legume

Timp de preparare: 5 minute
Timp de preparare: 10 minute
Porții: 4

Continut:
- 1 lingura ulei de masline
- 1 kilogram de creveți, decojiți și devenați
- 1 lingura pesto de busuioc
- 1 cană de rucola pentru copii
- 1 ceapa galbena, tocata
- 1 castravete, feliat
- 1 cană morcovi, rasi
- 1 lingura coriandru tocat

Instructiuni de folosire:
1. Se incinge o tigaie cu ulei la foc mediu, se adauga ceapa si morcovii, se amesteca si se prajesc 3 minute.
2. Adăugați creveții și alte ingrediente, gătiți încă 7 minute, împărțiți între boluri și serviți.

Nutriție: Calorii 200, grăsimi 5,6, fibre 1,8, carbohidrați 9,9, proteine 27

Învelișuri cu curcan și piper

Timp de preparare: 10 minute
Timp de preparare: 3 minute
Porții: 2

Continut:
- 2 pâini grosiere
- 2 lingurițe de muștar
- 2 lingurite maioneza
- 1 piept de curcan, fara piele, dezosat si taiat fasii
- 1 lingura ulei de masline
- 1 ceapa rosie, tocata
- 1 ardei gras rosu, taiat fasii
- 1 ardei gras verde, taiat fasii
- ¼ cană brânză mozzarella mărunțită cu conținut scăzut de grăsimi

Instructiuni de folosire:
1. Se incinge o tigaie cu ulei la foc mediu, se adauga carnea si ceapa si se calesc 5 minute.
2. Adăugați boia de ardei, amestecați și gătiți încă 10 minute.
3. Aranjați tortilla pe o suprafață de lucru, împărțiți amestecul de curcan între fiecare, împărțiți și maioneza, muștarul și brânza, înfășurați și serviți la prânz.

Nutriție: Calorii 342, grăsimi 11,6, fibre 7,7, carbohidrați 39,5, proteine 21,9

Supă de fasole verde

Timp de preparare: 5 minute
Timp de gătire: 25 minute
Porții: 4

Continut:

- 2 lingurite ulei de masline
- 2 catei de usturoi, tocati marunt
- 1 kilogram de fasole verde, tăiată și tăiată la jumătate
- 1 ceapa galbena, tocata
- 2 roșii, tăiate cubulețe
- 1 lingurita boia dulce
- 1 litru de supă de pui cu conținut scăzut de sodiu
- 2 linguri patrunjel tocat

Instructiuni de folosire:

1. Se incinge uleiul intr-o cratita la foc mediu, se adauga usturoiul si ceapa, se amesteca si se calesc 5 minute.
2. Adăugați alte ingrediente, cu excepția fasolei verde și pătrunjelul, amestecați, aduceți la fierbere și gătiți timp de 20 de minute.
3. Se adauga patrunjelul, se amesteca, se imparte supa intre boluri si se serveste.

Nutriție: Calorii 87, grăsimi 2,7, fibre 5,5, carbohidrați 14, proteine 4,1

Salata de avocado, spanac si masline

Timp de preparare: 5 minute
Timp de preparare: 0 minute
Porții: 4

Continut:
- 2 linguri de otet balsamic
- 2 linguri de menta, tocata
- Un praf de piper negru
- 1 avocado, decojit, fără sâmburi și feliat
- 4 căni de spanac baby
- 1 cană măsline negre, fără sâmburi și tăiate la jumătate
- 1 castravete, feliat
- 1 lingura ulei de masline

Instructiuni de folosire:
1. Combinați avocado cu spanacul și alte ingrediente într-un bol de salată, amestecați și serviți la prânz.

Nutriție: Calorii 192, grăsimi 17,1, fibre 5,7, carbohidrați 10,6, proteine 2,7

Caserolă cu friptură și dovleac

Timp de preparare: 5 minute
Timp de preparare: 20 de minute
Porții: 4

Continut:
- 1 kilogram carne de vită, măcinată
- ½ cană ceapă galbenă, tocată
- 1 lingura ulei de masline
- 1 cană dovlecel, tăiat cubulețe
- 2 catei de usturoi, tocati marunt
- 14 grame rosii conservate, fara sare adaugata, tocate
- 1 lingurita condimente italiene
- ¼ de cană de brânză parmezan cu conținut scăzut de grăsimi rasă
- 1 lingura arpagic, tocat
- 1 lingura coriandru tocat

Instructiuni de folosire:
1. Se incinge o tigaie cu ulei la foc mediu, se adauga usturoiul, ceapa si carnea si se fierbe 5 minute.
2. Adăugați ingredientele rămase, amestecați, gătiți încă 15 minute, împărțiți în boluri și serviți la prânz.

Nutriție: Calorii 276, grăsimi 11,3, fibre 1,9, carbohidrați 6,8, proteine 36

Cartofii și carnea se amestecă cu cimbru

Timp de preparare: 10 minute
Timp de gătire: 25 minute
Porții: 4

Continut:
- ½ kilogram carne de vită, măcinată
- 3 linguri ulei de masline
- 1 ¾ de kilograme de cartofi roșii, curățați și tăiați cubulețe
- 1 ceapa galbena, tocata
- 2 lingurite de cimbru, uscat
- 1 cana rosii conservate, nesarate si tocate
- Un praf de piper negru

Instructiuni de folosire:
1. Se incinge o tigaie cu ulei la foc mediu-mare, se adauga ceapa si carnea, se amesteca si se fierbe 5 minute.
2. Adăugați cartofii și alte ingrediente, amestecați, aduceți la fierbere, gătiți încă 20 de minute, împărțiți în boluri și serviți la prânz.

Nutriție: calorii 216, grăsimi 14,5, fibre 5,2, carbohidrați 40,7, proteine 22,2

Supă de porc și morcovi

Timp de preparare: 10 minute
Timp de gătire: 25 minute
Porții: 4

Continut:
- 1 lingura ulei de masline
- 1 ceapa rosie, tocata
- 1 kg friptură de porc, tăiată cubulețe
- 1 litru de supă de vită cu conținut scăzut de sodiu
- 1 kg morcovi, feliați
- 1 cană piure de roșii
- 1 lingura coriandru tocat

Instructiuni de folosire:
1. Se incinge uleiul intr-o cratita la foc mediu-mare, se adauga ceapa si carnea si se fierbe 5 minute.
2. Adăugați celelalte ingrediente, cu excepția coriandrului, aduceți la fierbere, reduceți focul la mediu și fierbeți supa timp de 20 de minute.
3. Împărțiți în boluri și stropiți cu coriandru și serviți la prânz.

Nutriție: calorii 354, grăsimi 14,6, fibre 4,6, carbohidrați 19,3, proteine 36

Salata de creveti si capsuni

Timp de preparare: 5 minute
Timp de gătire: 7 minute
Porții: 4

Continut:
- 1 cană de porumb
- 1 andive tocata
- 1 cană baby spanac
- 1 kilogram de creveți, decojiți și devenați
- 2 catei de usturoi, tocati marunt
- 1 lingura suc de lamaie
- 2 căni de căpșuni, tăiate la jumătate
- 2 linguri ulei de masline
- 2 linguri de otet balsamic
- 1 lingura coriandru tocat

Instructiuni de folosire:
1. Se incinge o tigaie cu ulei la foc mediu-mare, se adauga usturoiul si se fierbe 1 minut. Adăugați creveții și sucul de lămâie, amestecați și gătiți timp de 3 minute pe fiecare parte.
2. Într-un castron de salată, amestecați creveții cu porumb, radicchio și alte ingrediente, amestecați și serviți la prânz.

Nutriție: Calorii 260, grăsimi 9,7, fibre 2,9, carbohidrați 16,5, proteine 28

Salată cu creveți și fasole verde

Timp de preparare: 5 minute
Timp de preparare: 10 minute
Porții: 4

Continut:
- 1 kilogram de fasole verde, tăiată și tăiată la jumătate
- 2 linguri ulei de masline
- 2 kilograme de creveți, decojiți și devenați
- 1 lingura suc de lamaie
- 2 căni de roșii cherry, tăiate la jumătate
- ¼ cană oțet de zmeură
- Un praf de piper negru

Instructiuni de folosire:
1. Se incinge o tigaie cu ulei la foc mediu-mare, se adauga crevetii, se amesteca si se prajesc 2 minute.
2. Adăugați fasole verde și alte ingrediente, amestecați, gătiți încă 8 minute, împărțiți între boluri și serviți la prânz.

Nutriție: Calorii 385, grăsimi 11,2, fibre 5, carbohidrați 15,3, proteine 54,5

Taco cu peste

Timp de preparare: 10 minute
Timp de preparare: 10 minute
Porții: 2

Continut:
- 4 tacos cu cereale integrale
- 1 lingura maioneza usoara
- 1 lingura sos
- 1 lingură brânză mozzarella cu conținut scăzut de grăsimi, mărunțită
- 1 lingura ulei de masline
- 1 ceapa rosie, tocata
- 1 lingura coriandru tocat
- 2 fileuri de cod, dezosate, decojite si taiate cubulete
- 1 lingura piure de rosii

Instructiuni de folosire:
1. Se incinge o tigaie cu ulei la foc mediu, se adauga ceapa, se amesteca si se caleste 2 minute.
2. Adăugați peștele și piureul de roșii, amestecați ușor și gătiți încă 5 minute.
3. Turnați asta în taco, împărțiți maioneza, salsa și brânza și serviți la prânz.

Nutriție: Calorii 466, grăsimi 14,5, fibre 8, carbohidrați 56,6, proteine 32,9

Tort cu dovleac

Timp de preparare: 10 minute
Timp de preparare: 10 minute
Porții: 4

Continut:

- 1 ceapa galbena, tocata
- 2 dovlecei, rasi
- 2 linguri faina de migdale
- 1 ou bătut
- 1 catel de usturoi, tocat marunt
- Un praf de piper negru
- 1/3 cana morcovi, rasi
- 1/3 cană brânză cheddar mărunțită, cu conținut scăzut de grăsimi
- 1 lingura coriandru tocat
- 1 lingurita coaja de lamaie, rasa
- 2 linguri ulei de masline

Instructiuni de folosire:

1. Combinați dovlecelul cu usturoiul, ceapa și alte ingrediente, cu excepția uleiului, într-un castron, amestecați bine și faceți prăjituri medii cu acest amestec.
2. Se incinge o tigaie la foc mediu-mare, se adauga rulourile de dovlecei, se calesc 5 minute pe fiecare parte, se imparte in farfurii si se servesc cu o salata.

Nutriție: Calorii 271, grăsimi 8,7, fibre 4, carbohidrați 14,3, proteine 4,6

Tocană de năut și roșii

Timp de preparare: 10 minute
Timp de preparare: 20 de minute
Porții: 4

Continut:
- 1 lingura ulei de masline
- 1 ceapa galbena, tocata
- 2 linguri boia de ardei
- 14 grame de năut la conserva, fără sare adăugată, scurs și clătit
- 14 grame rosii conservate, fara sare adaugata, taiate cubulete
- 1 cană bulion de pui cu conținut scăzut de sodiu
- 1 lingura coriandru tocat
- Un praf de piper negru

Instructiuni de folosire:
1. Se incinge uleiul intr-o cratita la foc mediu-mare, se adauga ceapa si praful de chilli, se amesteca si se prajesc 5 minute.
2. Adăugați năutul și alte ingrediente, amestecați, gătiți la foc mediu timp de 15 minute, împărțiți între boluri și serviți la prânz.

Nutriție: Calorii 299, grăsimi 13,2, fibre 4,7, carbohidrați 17,2, proteine 8,1

Salată de pui, roșii și spanac

Timp de preparare: 10 minute
Timp de preparare: 0 minute
Porții: 4

Continut:
- 1 lingura ulei de masline
- Un praf de piper negru
- 2 donuri de pui, fără piele, dezosate, tocate
- 1 kilogram de roșii cherry, tăiate la jumătate
- 1 ceapa rosie, tocata
- 4 căni de spanac baby
- ¼ cana nuci tocate
- ½ lingurita coaja de lamaie, rasa
- 2 linguri suc de lamaie

Instructiuni de folosire:
1. Combinați puiul cu roșiile și alte ingrediente într-un bol de salată, amestecați și serviți la prânz.

Nutriție: Calorii 349, grăsimi 8,3, fibre 5,6, carbohidrați 16,9, proteine 22,8

Boluri cu sparanghel și ardei

Timp de preparare: 10 minute
Timp de preparare: 20 de minute
Porții: 4

Continut:
- 3 catei de usturoi, tocati marunt
- 2 linguri ulei de masline
- 1 ceapa rosie, tocata
- 3 morcovi, feliați
- ½ cană supă de pui cu conținut scăzut de sodiu
- 2 cesti baby spanac
- 1 kilogram de sparanghel, tăiat și tăiat la jumătate
- 1 ardei gras rosu, taiat fasii
- 1 ardei gras galben, taiat fasii
- 1 ardei gras verde, taiat fasii
- Un praf de piper negru

Instructiuni de folosire:
1. Se incinge o tigaie cu ulei la foc mediu-mare, se adauga ceapa si usturoiul, se amesteca si se calesc 2 minute.
2. Adăugați celelalte ingrediente, cu excepția sparanghelului și spanacul, amestecați și gătiți timp de 15 minute.
3. Adăugați spanacul, gătiți totul încă 3 minute, împărțiți în boluri și serviți la prânz.

Nutriție: calorii 221, grăsimi 11,2, fibre 3,4, carbohidrați 14,3, proteine 5,9

tocană fierbinte de vită

Timp de preparare: 10 minute
Timp de gătit: 1 oră 20 de minute

Porţii: 4

Continut:
- 1 kg tocană de vită, tăiată cubuleţe
- 1 cana sos de rosii nesarat
- 1 cană bulion de vită cu conţinut scăzut de sodiu
- 1 lingura ulei de masline
- 1 ceapa galbena, tocata
- ¼ lingurita sos iute
- 1 lingurita praf de ceapa
- 1 lingurita praf de usturoi
- 1 lingura coriandru tocat

Instructiuni de folosire:
1. Se incinge uleiul intr-o cratita la foc mediu-mare, se adauga carnea si ceapa, se amesteca si se fierbe 5 minute.
2. Adaugati sosul de rosii si celelalte ingrediente, aduceti la fiert si gatiti 1 ora si 15 minute la foc mediu.
3. Împărţiţi în boluri şi serviţi la prânz.

Nutriţie: Calorii 487, grăsimi 15,3, fibre 5,8, carbohidraţi 56,3, proteine 15

Cotlete de porc cu ciuperci

Timp de preparare: 5 minute
Timp de gătit: 8 ore 10 minute

Porții: 4

Continut:
- 4 cotlete de porc
- 1 lingura ulei de masline
- 2 salote, tocate
- 1 kg de ciuperci albe, feliate
- ½ cană bulion de vită cu conținut scăzut de sodiu
- 1 lingura rozmarin, tocat
- ¼ linguriță de usturoi pudră
- 1 lingurita boia dulce

Instructiuni de folosire:
1. Se încălzește o tigaie cu ulei la foc mediu-mare, se adaugă cotletele de porc și șalota, se amestecă, se fierbe timp de 10 minute și se transferă într-un aragaz lent.
2. Adăugați restul ingredientelor, închideți capacul și lăsați să fiarbă timp de 8 ore.
3. Împărțiți cotletele de porc și ciupercile în farfurii și serviți la prânz.

Nutriție: Calorii 349, grăsimi 24, fibre 5,6, carbohidrați 46,3, proteine 17,5

Salată de creveți coriandru

Timp de preparare: 10 minute
Timp de preparare: 8 minute
Porții: 4

Continut:
- 1 lingura ulei de masline
- 1 ceapa rosie, taiata felii
- 1 kilogram de creveți, decojiți și devenați
- 2 căni de rucola fragedă
- 1 lingura otet balsamic
- 1 lingura suc de lamaie
- 1 lingura coriandru tocat
- Un praf de piper negru

Instructiuni de folosire:
1. Se incinge o tigaie cu ulei la foc mediu, se adauga ceapa, se amesteca si se caleste 2 minute.
2. Adăugați creveții și alte ingrediente, amestecați, prăjiți timp de 6 minute, împărțiți în boluri și serviți la prânz.

Nutriție: calorii 341, grăsimi 11,5, fibre 3,8, carbohidrați 17,3, proteine 14,3

tocană de vinete

Timp de preparare: 5 minute
Timp de preparare: 20 de minute
Porții: 4

Continut:
- 1 kilogram de vinete, tăiate cubulețe
- 2 catei de usturoi, tocati marunt
- 2 linguri ulei de masline
- 1 ceapa galbena, tocata
- 1 lingurita boia dulce
- ½ cană coriandru tocat
- 14 grame de conserve cu conținut scăzut de sodiu, tăiate cubulețe
- 1 lingura coriandru tocat

Instructiuni de folosire:
1. Se incinge o tigaie cu ulei la foc mediu-mare, se adauga ceapa si usturoiul si se fierbe 2 minute.
2. Adăugați alte ingrediente, în afară de vinete și coriandru, aduceți la fierbere și gătiți timp de 18 minute.
3. Se imparte in boluri si se serveste cu o stropire de patrunjel deasupra.

Nutriție: Calorii 343, grăsimi 12,3, fibre 3,7, carbohidrați 16,56, proteine 7,2

Amestecați carnea și mazărea

Timp de preparare: 10 minute
Timp de preparare: 30 minute
Porții: 4

Continut:

- 1 și ¼ cană bulion de vită cu conținut scăzut de sodiu
- 1 ceapa galbena, tocata
- 1 lingura ulei de masline
- 2 cani de mazare
- 1 kg tocană de vită, tăiată cubulețe
- 1 cana rosii conservate, nesarate si tocate
- 1 cană de arpagic, tocat
- ¼ cană pătrunjel tocat
- gust de piper negru

Instructiuni de folosire:

1. Se incinge uleiul intr-o cratita la foc mediu-mare, se adauga ceapa si carnea si se fierbe 5 minute.
2. Adăugați mazărea și celelalte ingrediente, amestecați, aduceți la fiert și gătiți încă 25 de minute la foc mediu.
3. Împărțiți amestecul în boluri și serviți la prânz.

Nutriție: Calorii 487, grăsimi 15,4, fibre 4,6, carbohidrați 44,6, proteine 17,8

Caserolă cu curcan

Timp de preparare: 5 minute
Timp de preparare: 30 minute
Porții: 4

Continut:
- 2 linguri ulei de masline
- 1 piept de curcan, fara piele, dezosat si taiat cubulete
- 1 cană bulion de vită cu conținut scăzut de sodiu
- 1 cană piure de roșii
- ¼ lingurita coaja de lamaie, rasa
- 1 ceapa galbena, tocata
- 1 lingura boia dulce
- 1 lingura coriandru tocat
- 2 linguri suc de lamaie
- ¼ linguriță de ghimbir, ras

Instructiuni de folosire:
1. Se incinge uleiul intr-o cratita la foc mediu-mare, se adauga ceapa si carnea si se fierbe 5 minute.
2. Adăugați bulionul și celelalte ingrediente, aduceți la fiert și gătiți timp de 25 de minute la foc mediu.
3. Împărțiți amestecul în boluri și serviți la prânz.

Nutriție: Calorii 150, grăsimi 8,1, fibre 2,7, carbohidrați 12, proteine 9,5

salata de vita

Timp de preparare: 10 minute
Timp de preparare: 30 minute
Porții: 4

Conținut:
- 1 kg tocană de vită, tăiată fâșii
- 1 lingura de salvie tocata
- 1 lingura ulei de masline
- Un praf de piper negru
- ½ linguriță chimen măcinat
- 2 cani de rosii cherry, taiate cubulete
- 1 avocado, decojit, fără sâmburi și tăiat cubulețe
- 1 cană de fasole neagră conservată, fără sare adăugată, scursă și clătită
- ½ cană ceapă verde, tocată
- 2 linguri suc de lamaie
- 2 linguri de otet balsamic
- 2 linguri coriandru, tocat

Instructiuni de folosire:
1. Se incinge o tigaie cu ulei la foc mediu-mare, se adauga carnea si se fierbe 5 minute.
2. Adăugați salvia, piperul negru și chimenul, amestecați și gătiți încă 5 minute.
3. Se adauga restul ingredientelor, se amesteca, se reduce focul la mediu si se lasa amestecul sa fiarba 20 de minute.
4. Împărțiți salata în boluri și serviți la prânz.

Nutriție: calorii 536, grăsimi 21,4, fibre 12,5, carbohidrați 40,4, proteine 47

tocană de dovleac

Timp de preparare: 10 minute
Timp de preparare: 20 de minute
Porții: 4

Conținut:
- 1 kilogram de dovlecel, decojit și tocat
- 1 cană bulion de pui cu conținut scăzut de sodiu
- 1 cană roșii conservate, nesărate, zdrobite
- 1 lingura ulei de masline
- 1 ceapa rosie, tocata
- 2 ardei portocalii dulci, tocati
- ½ cană de quinoa
- ½ linguriță de arpagic, tocat

Instructiuni de folosire:
1. Se incinge o tigaie cu ulei la foc mediu, se adauga ceapa, se amesteca si se caleste 2 minute.
2. Adăugați dovlecelul și alte ingrediente, aduceți la fiert și gătiți timp de 15 minute.
3. Amestecați tocanita, împărțiți-le în boluri și serviți la prânz.

Nutriție: calorii 166, grăsimi 5,3, fibre 4,7, carbohidrați 26,3, proteine 5,9

Amestecul de varză și carne de vită

Timp de preparare: 10 minute
Timp de preparare: 20 de minute
Porții: 4

Continut:
- 1 cap de varză, tocată
- ¼ cană bulion de vită cu conținut scăzut de sodiu
- 2 roșii, tăiate cubulețe
- 2 cepe galbene, tocate
- ½ cană ardei gras roșu tocat
- 1 lingura ulei de masline
- 1 kilogram carne de vită, măcinată
- ¼ cană coriandru tocat
- ¼ cană ceapă verde, tocată
- ¼ lingurita boia, macinata

Instructiuni de folosire:
1. Se incinge o tigaie cu ulei la foc mediu, se adauga carnea si ceapa, se amesteca si se fierbe 5 minute.
2. Adăugați varza și alte ingrediente, amestecați, gătiți timp de 15 minute, împărțiți între boluri și serviți la prânz.

Nutriție: Calorii 328, grăsimi 11, fibre 6,9, carbohidrați 20,1, proteine 38,3

Tocană de porc și fasole verde

Timp de preparare: 5 minute
Timp de gătit: 8 ore 10 minute

Porții: 4

Continut:
- 1 kg friptură de porc, tăiată cubulețe
- 1 lingura ulei de masline
- ½ kilogram de fasole verde, tăiată și tăiată la jumătate
- 2 cepe galbene, tocate
- 2 catei de usturoi, tocati marunt
- 2 căni de bulion de vită cu conținut scăzut de sodiu
- 8 grame de sos de rosii
- Un praf de piper negru
- Un praf de ienibahar, macinat
- 1 lingura rozmarin, tocat

Instructiuni de folosire:
1. Se incinge o tigaie cu ulei la foc mediu-mare, se adauga carnea, usturoiul si ceapa, se amesteca si se fierbe 10 minute.
2. Transferați-l într-un aragaz lent, adăugați celelalte ingrediente, acoperiți și gătiți la foc mic timp de 8 ore.
3. Împărțiți puiul în boluri și serviți.

Nutriție: calorii 334, grăsimi 14,8, fibre 4,4, carbohidrați 13,3, proteine 36,7

Supă cremă de dovleac

Timp de preparare: 10 minute
Timp de preparare: 20 de minute
Porții: 4

Continut:
- 1 lingura ulei de masline
- 1 ceapa galbena, tocata
- 1 lingurita de ghimbir, ras
- 1 kilogram de dovlecel, tocat
- 32 de grame de supă de pui cu conținut scăzut de sodiu
- 1 cana crema de cocos
- 1 lingură mărar, tocat

Instructiuni de folosire:
1. Se incinge o tigaie cu ulei la foc mediu, se adauga ceapa si ghimbirul, se amesteca si se prajesc 5 minute.
2. Adăugați dovlecelul și alte ingrediente și gătiți la foc mediu timp de 15 minute.
3. Se amestecă cu un blender de imersie, se împarte între boluri și se servește.

Nutriție: Calorii 293, grăsimi 12,3, fibre 2,7, carbohidrați 11,2, proteine 6,4

Creveți și salată de struguri

Timp de preparare: 5 minute
Timp de preparare: 0 minute
Porții: 4

Continut:
- 2 linguri de maioneză cu conținut scăzut de grăsimi
- 2 linguri boia de ardei
- Un praf de piper negru
- 1 kilogram de creveți, fierți, curățați și devenați
- 1 cană de struguri roșii, tăiați la jumătate
- ½ cană de arpagic, tocat
- ¼ cana nuci tocate
- 1 lingura coriandru tocat

Instructiuni de folosire:
1. Într-un castron de salată, combinați creveții cu fulgii de chilli și alte ingrediente, amestecați și serviți la prânz.

Nutriție: Calorii 298, grăsimi 12,3, fibre 2,6, carbohidrați 16,2, proteine 7,8

Crema de morcovi si turmeric

Timp de preparare: 5 minute
Timp de gătire: 25 minute
Porții: 4

Continut:
- 2 linguri ulei de masline
- 1 ceapa galbena, tocata
- 1 kg morcovi, decojiti si tocati
- 1 lingurita de pudra de turmeric
- 4 tulpini de telina, tocate
- 5 căni de supă de pui cu conținut scăzut de sodiu
- Un praf de piper negru
- 1 lingura coriandru tocat

Instructiuni de folosire:
1. Se incinge o tigaie cu ulei la foc mediu, se adauga ceapa, se amesteca si se caleste 2 minute.
2. Adăugați morcovi și alte ingrediente, aduceți la fiert și gătiți timp de 20 de minute la foc mediu.
3. Se amestecă supa cu un blender de imersie, se toarnă în boluri și se servește.

Nutriție: Calorii 221, grăsimi 9,6, fibre 4,7, carbohidrați 16, proteine 4,8

Friptură și supă de fasole neagră

Timp de preparare: 10 minute
Timp de gătit: 1 oră 40 de minute

Porții: 4

Continut:
- 1 cană de fasole neagră conservată, nesărată și scursă
- 7 căni de bulion de vită cu conținut scăzut de sodiu
- 1 ardei gras verde, tocat
- 1 lingura ulei de masline
- 1 kg tocană de vită, tăiată cubulețe
- 1 ceapa galbena, tocata
- 3 catei de usturoi, tocati marunt
- 1 ardei iute, tocat
- 1 cartof, taiat cubulete
- Un praf de piper negru
- 1 lingura coriandru tocat

Instructiuni de folosire:
1. Se incinge o tigaie cu ulei la foc mediu, se adauga ceapa, usturoiul si carnea si se fierbe 5 minute.
2. Adăugați fasolea și alte ingrediente, cu excepția coriandru, aduceți la fiert și gătiți timp de 1 oră și 35 de minute la foc mediu.
3. Adăugați coriandru, turnați supa în boluri și serviți.

Nutriție: calorii 421, grăsimi 17,3, fibre 3,8, carbohidrați 18,8, proteine 23,5

Biluțe de somon și creveți

Timp de preparare: 10 minute
Timp de gătire: 13 minute
Porții: 4

Continut:
- ½ kilogram de somon afumat, dezosat, fără piele și tăiat cubulețe
- ½ kilogram de creveți, curățați și dezveliți
- 1 lingura ulei de masline
- 1 ceapa rosie, tocata
- ¼ cană de roșii, tăiate cubulețe
- ½ cană sos ușor
- 2 linguri coriandru, tocat

Instructiuni de folosire:
1. Se încălzește o tigaie cu ulei la foc mediu-mare, se adaugă somonul, se amestecă și se prăjește timp de 5 minute.
2. Adăugați ceapa, creveții și alte ingrediente și gătiți încă 7 minute, împărțiți între boluri și serviți.

Nutriție: calorii 251, grăsimi 11,4, fibre 3,7, carbohidrați 12,3, proteine 7,1

Sos de pui și usturoi

Timp de preparare: 5 minute
Timp de preparare: 20 de minute
Porții: 4

Continut:
- 1 lingura ulei de masline
- 1 ceapa galbena, tocata
- Un praf de piper negru
- 1 kg piept de pui, fără piele, dezosat și tăiat cubulețe
- 4 catei de usturoi, tocati marunt
- 1 cană bulion de pui cu conținut scăzut de sodiu
- 2 cesti crema de cocos
- 1 lingura busuioc, tocat
- 1 lingura arpagic, tocat

Instructiuni de folosire:
1. Se incinge o tigaie cu ulei la foc mediu-mare, se adauga usturoiul, ceapa si carnea, se amesteca si se fierbe 5 minute.
2. Adăugați bulion și alte ingrediente, aduceți la fiert și gătiți timp de 15 minute la foc mediu.
3. Împărțiți amestecul în farfurii și serviți.

Nutriție: Calorii 451, grăsimi 16,6, fibre 9, carbohidrați 34,4, proteine 34,5

Tocană de pui cu turmeric și vinete

Timp de preparare: 5 minute
Timp de preparare: 20 de minute
Porții: 4

Continut:
- 1 kg piept de pui, fără piele, dezosat și tăiat cubulețe
- 2 salote, tocate
- 1 lingura ulei de masline
- 1 vinete, taiata cubulete
- 1 cană roșii conservate, nesărate și zdrobite
- 1 lingura suc de lamaie
- Un praf de piper negru
- ¼ linguriță de ghimbir măcinat
- 1 lingura coriandru tocat

Instructiuni de folosire:
1. Se încălzește o tigaie cu ulei la foc mediu, se adaugă șalota și puiul și se fierbe timp de 5 minute.
2. Adăugați ingredientele rămase, aduceți la fiert și gătiți încă 15 minute la foc mediu.
3. Împărțiți în boluri și serviți la prânz.

Nutriție: Calorii 441, grăsimi 14,6, fibre 4,9, carbohidrați 44,4, proteine 16,9

Amestecul de pui și andive

Timp de preparare: 5 minute
Timp de preparare: 20 de minute
Porții: 4

Continut:
- 1 kg pulpe de pui, dezosate, fără piele și tăiate cubulețe
- 2 andive tocate
- 1 cană bulion de pui cu conținut scăzut de sodiu
- 1 lingura ulei de masline
- 1 ceapa galbena, tocata
- 1 morcov, feliat
- 2 catei de usturoi, tocati marunt
- 8 grame rosii conservate, fara sare adaugata, tocate
- 1 lingura arpagic, tocat

Instructiuni de folosire:
1. Se incinge o tigaie cu ulei la foc mediu-mare, se adauga ceapa si usturoiul si se fierbe 5 minute.
2. Adăugați puiul și gătiți încă 5 minute.
3. Adăugați ingredientele rămase, aduceți la fiert, gătiți încă 10 minute, împărțiți în farfurii și serviți.

Nutriție: calorii 411, grăsimi 16,7, fibre 5,9, carbohidrați 54,5, proteine 24

supa de curcan

Timp de preparare: 10 minute
Timp de gătire: 40 de minute
Porții: 4

Conținut:
- 1 piept de curcan, fara piele, dezosat, taiat cubulete
- 1 lingura sos de rosii, fara sare
- 1 lingura ulei de masline
- 2 cepe galbene, tocate
- 1 litru de supă de pui cu conținut scăzut de sodiu
- 1 lingura de cimbru, tocat
- 2 morcovi, feliați
- 3 catei de usturoi, tocati marunt
- Un praf de piper negru

Instructiuni de folosire:
1. Se incinge o tigaie cu ulei la foc mediu, se adauga ceapa si usturoiul si se calesc 5 minute.
2. Adăugați carnea și gătiți încă 5 minute.
3. Adăugați ingredientele rămase, aduceți la fiert și gătiți timp de 30 de minute la foc mediu.
4. Puneți supa în boluri și serviți.

Nutriție: Calorii 321, grăsimi 14,5, fibre 11,3, carbohidrați 33,7, proteine 16

Curcan balsamic la cuptor

Timp de preparare: 10 minute
Timp de gătire: 40 de minute
Porții: 4

Continut:
- 1 piept mare de curcan, fara piele, dezosat si feliat
- 2 linguri de otet balsamic
- 1 lingura ulei de masline
- 2 catei de usturoi, tocati marunt
- 1 lingura condimente italiene
- gust de piper negru
- 1 lingura coriandru tocat

Instructiuni de folosire:
1. Se amestecă curcanul cu oțet, ulei și alte ingrediente într-o tavă de copt, se amestecă, se pune la cuptorul la 400 de grade F și se prăjește timp de 40 de minute.
2. Distribuiți totul pe farfurii și serviți cu o salată.

Nutriție: Calorii 280, grăsimi 12,7, fibre 3, carbohidrați 22,1, proteine 14

www.ingramcontent.com/pod-product-compliance
Lightning Source LLC
Chambersburg PA
CBHW050151130526
44591CB00033B/1259